경희대학교 아프리카연구소 총서 27

북아프리카 베르베르 민족의 전설과 민담

김영 편역

도서출판 아딘크라

김영교수는 성균관대학교 불어불문학과에서 불문학 박사학위를 받았다. 현재 경희대학교 아프리카연구소 학술연구교수로 재직하고 있다.

※ 이 저서는 2021년 대한민국 교육부와 한국연구재단의 지원을 받아 수행된 연구임 (NRF-2021S1A5C2A02086919)

역자 서문

베르베르인들은 예로부터 이야기를 사랑해 온 민족이다. 모닥불 앞에 모여 노래하고 전설을 주고받으며, 삶의 지혜와 꿈을 후손에게 전해왔다. 그들의 민담은 단순한 오락이 아니라 공동체를 묶는 끈이자 세대를 이어주는 기억의 창고였다. 산과 샘, 별빛과 모래가 깃든 땅 위에서, 사람들은 정령과 동물, 영웅과 마법사의 이야기를 엮어냈다. 그 속에는 웃음과 교훈, 경이와 신비가 어우러져 있다.

과거에도 이 귀중한 전통을 기록하려는 노력이 있었다. 19세기 리비에르 신부는 카빌리 지방에서 채록한 이야기를 책으로 엮었고, 이후 여러 학자와 탐험가들이 알제리와 모로코, 튀니지, 리비아와 사하라 곳곳을 다니며 민담을 수집했다. 그들은 베르베르인의 삶과 정신세계가 얼마나 풍요로운지를 세상에 알렸다. 물론 당시 기록은 특정 지역에 한정되거나 편집자의 시각이 개입된 경우도 있었다. 그렇다 하더라도, 이 이야기들은 베르베르 문화의 독창성과 다채로움을 보여주는 중요한 단초가 되었다.

베르베르 민담의 특징 중 하나는 동물 우화다. 교활한 자칼은 늘 이야기의 중심에 서 있지만, 그 역시 종종 고슴도치나 수탉의 꾀에 속아 넘어간다. 속이는 자를 속이는 즐거움, 약자가 강자를 꺾는 반전은 큰 웃음을 선사한다. 또한 토끼, 고슴도치, 자고새 등 익숙한 동물들이 인간처럼 행동하며 교훈을 남긴다. 다른 한편으로, 식인귀나 정령, 마법과 숨겨진 보물은 민담의 상상력을 무한히 확장시킨다. 현실과 환상이 넘나드는 이 세계에서, 사람들은 삶의 불안과 희망을 함께 이야기했다.

민담은 단지 과거의 기록이 아니다. 베르베르 민담 속에는 인간 보편의 정서와 상상력이 살아 있다. 어머니가 아이에게 들려주는 이야기, 마을 사람들이 밤을 새우며 나누는 전설 속에는 기쁨과 두려움, 지혜와 꿈이 담겨 있다. 놀라운 점은, 먼 아프리카의 이 이야기들이 한국의 옛 전래동화와도 통한다는 사실이다. 속임수와 재치, 가족과 공동체에 대한 믿음, 자연에 대한 경외심은 경계를 넘어 이어지는 인간의 공통 언어라 할 수 있다.

이제 우리는 이 소중한 이야기들을 한국어로 만나게 되었다. 번역은 단순히 언어를 바꾸는 작업이 아니라, 한 문화의 상상력을 다른 문화에 건네는 일이다. 아프리카의 이야기가 우리 곁에서 살아 움직이도록 하는 것, 그것이 이 책의 목적이다. 독자 여러분이 이 책을 통해 베르베르 민담의 매혹적인 세계와 만나기를 바란다. 이 이야기가 낯선 땅에서 온 이방의 목소리가 아니라, 우리 곁에서 함께 웃고 노래하는 이웃의 이야기처럼 들리기를 희망한다.

끝으로 이 책이 출간되기까지 경희대학교 아프리카연구소 학생연구원들의 정성이 더해졌음을 밝힌다. 원고의 마지막 검수 작업을 세심하게 도와준 김승은, 김이현, 윤주은, 이민경, 진은빈에게 깊은 감사의 마음을 전한다. 또한 표지 디자인에 따뜻한 감성과 창의성을 불어넣어 준 이민경에게도 특별한 고마움을 전한다. 이들의 노력으로 베르베르 이야기의 세계가 독자들에게 더욱 친근하게 다가갈 수 있으리라 기대해 본다.

목차

역자 서문 ······ 1

Ⅰ. 우화와 동물 이야기 ······ 8
소녀와 사자 ······ 9
사자와 구두장이 여우 ······ 11
상처 입은 사자 ······ 14
왕과 부엉이 ······ 18
자칼과 고슴도치 ······ 22
토끼와 자칼 ······ 23
사자와 자칼, 그리고 인간 ······ 25
자칼과 당나귀 ······ 29
자칼과 자고새 ······ 31
고슴도치와 자칼 ······ 32
인간과 살모사, 그리고 고슴도치 ······

Ⅱ. 전설 ······ 36
접시 속의 태양 ······ 37
셰이크와 수도승 ······ 39
벌거벗은 채 있고 싶었던 나무 ······ 41
사자, 고양이, 쥐의 기원 ······ 44
솔로몬과 그리핀 ······ 46

솔로몬과 용 ············ 48
솔로몬과 거위 도둑 ············ 49
시디 스미안과
시디 아흐메드 벤 유세프 이야기 ············ 50
시디 무함마드 아젤리와
술탄 물레이 무함마드 이야기 ············ 52
불경스러운 내기 ············ 54
저주받은 자들에 대한 전설 ············ 55
아랍인의 콩스탄틴 정복에 얽힌 전설 ············ 57

Ⅲ. 보물, 정령, 요정들의 놀라운 이야기 ············ 59
아아마르 네프스와 형제들 ············ 60
영리한 아들과 어리석은 아들 ············ 64
인내의 돌 씨앗,
네가 참는다고, 왜 우리까지 참아야 하지? ············ 70
마법의 씨앗 ············ 78
잊혀진 무덤 ············ 87
티나루즈 공주와 왕자 ············ 99
공주와 생쥐 ············ 103
황금 가젤 ············ 112
식인귀를 아내로 맞은 남자 ············ 117
갇혀 지낸 왕자 ············ 121
두 아이 ············ 133

즈라이파와 메르텔리크 자매 ············ 140
유령이 나오는 정원 ············ 142
여인과 요정 ············ 144
하메드 벤 세가드 이야기 ············ 145
마법의 수건 ············ 150
아이와 정령의 왕 ············ 152
요정과 꾸란 학생들 ············ 155
식인귀와 두 아내 ············ 156
일곱 형제 ············ 157
경이로운 새와 유대인 ············ 160
정령의 언덕 ············ 163
아슬라의 보물 ············ 164
반쪽 수탉 이야기 ············ 166
요정의 선물 ············ 172

Ⅳ. 기타 이야기 ············ 174
할머니와 파리 ············ 175
소년 테리루슈 이야기 ············ 177
이방인 ············ 181
기이한 만남 ············ 183
얼간이와 밧줄 ············ 184
여인과 왕, 그리고 뱀의 이야기 ············ 185
노인과 아내, 그리고 도둑들 ············ 187

자비 ······ 188
왕과 가족 ······ 189
베두 이야기 ······ 192

V. 시, 노래, 수수께끼, 속담 ······ 196
귀머거리는 서로 알아들을까? ······ 197
희귀한 진주 탈야쿠트, 수수께끼 이야기 ······ 200
숯쟁이 딸, 타사디트의 마법 같은 말솜씨 ······ 216
역병 ······ 229
충고 ······ 231
셸하어로 쓴 시 ······ 232
수수께끼 ······ 233
속담 ······ 235

I

우화와 동물 이야기

소녀와 사자

옛날에 한 소녀가 부모와 함께 숲속의 작은 집에서 살고 있었다. 소녀는 물을 길으러 종종 강가로 갔다.

어느 날, 소녀는 물이 가득 담긴 물동이를 이고 돌아오다가 사자를 만났다. 사자는 소녀의 물동이를 들어주겠다고 다정하게 말했다. 그러나 소녀는 매우 무례하고 모욕적인 말투로 사자의 제안을 거절했다.

집에 도착한 소녀는 어깨를 으쓱하며 그 일을 부모에게 이야기했다. 부모는 소녀를 나무라며, 친절하게 건네는 도움은 거절해서는 안 되고, 더구나 사자처럼 존경할 만한 동물의 호의를 거절하는 것은 더욱 안 된다고 타일렀다. 그러자 소녀는, 사실은 사자의 입 냄새가 고약해서 그런 것이라고 했다. 그런데 바로 그때, 집 근처에 있던 사자가 이들의 대화를 모두 듣고 있었다. 사자는 소녀의 말로 몹시 마음이 상해서 아무 말 없이 자리를 떠났다.

며칠이 지나, 소녀는 같은 곳에서 다시 사자를 만났다. 사자가 말했다.

"이 가지로 내 머리를 세게 내려치렴."

"아니야, 그럴 수 없어. 너는 나에게 아무 잘못도 하지 않았고, 설령 잘못했다 하더라도, 너는 너무 힘이 세서 해치고 싶지 않아."

그러자 사자가 성난 목소리로 말했다.

"당장 나를 때리지 않으면 너를 잡아먹겠다."

소녀는 어쩔 수 없이 사자의 머리를 내려쳤다. 그러자 사자의 이마에서 피가 흘렀다. 집으로 돌아온 소녀는, 또다시 부모에게 꾸중을 들을까 두려워 이 일을 말하지 않았다.

며칠 후, 다시 강에서 물을 길어 돌아오던 길에 소녀는 사자를 만났다. 사자는 소녀를 기다리고 있는 듯했다. 소녀는 물동이를 내려놓고 사자에게 달려갔다.

"오, 사자야! 잘 지냈니? 건강은 어때? 이렇게 만나니 정말 기쁘다. 그런데 네 상처는? 아무 흉터도 없네."

"그래. 네가 나를 때려서 피가 났지만, 상처가 아물어서 이제 전혀 아프지 않아. 그 일은 아무렇지도 않아. 하지만, 네가 내 도움을 거절하며 입 냄새가 난다고 했던 그날의 일은 잊을 수 없어. 네 말 때문에 나는 깊이 상처받았어. 그 상처는 절대로 아물지 않을 거야."

"오, 사자야, 용서해 줘. 다시는 그런 모욕적인 말을 하지 않을게."

"어떻게 너를 용서하겠니? 내 마음의 상처가 이렇게 큰데. 복수할테다."

그러더니 사자는 소녀를 잡아먹었다.

사자와 구두장이 여우

옛날에 늙은 사자가 있었는데, 다리가 굳어 더 이상 사냥을 할 수 없게 되었다. 그 모습을 본 여우가 은근히 놀려댔다.

“오, 폐하! 다리를 좀 풀어주려면 달리기를 해 보셔야지요.”

“무례한 놈! 예전에는 감히 내 영토 근처에 얼씬도 못 하더니, 이제 내가 늙고 다리가 말을 안 듣는다고 감히 날 조롱하다니!”

“폐하! 큰 오해입니다! 저는 그저 폐하의 충실한 종일 뿐, 도와드리려는 마음뿐입니다.”

“너처럼 보잘것없는 놈이 나를 어떻게 돕는단 말이냐?”

여우는 사자의 곁에 가까이 가지 않고 적당히 거리를 유지하며 계속 말했다.

“폐하의 고통을 덜어드릴 수 있습니다. 신발 수선이 제 전문 분야입니다. 저희 집안은 대대로 구두장이랍니다. 제가 가죽 신발을 만들어 발이 아프지 않고 걸을 수 있게 해 드릴게요. 그러면 젊은 시절처럼 사냥도 할 수 있을 겁니다!”

이 말에 사자는 머리를 들어 갈기를 털더니 말했다.

“좋다! 어서 시작하거라. 거짓말이면 용서하지 않겠다!”

여우는 죽은 지 얼마 되지 않은 송아지가 묻힌 흙더미로 서둘러 달려갔다. 그는 아직 신선한 송아지 가죽에서 네 조각을 잘랐다. 그리고 의기양양하게 사자에게 돌아와 말했다.

"폐하, 발을 내어 주십시오."

사자는 다시 젊어질 수 있다는 기대에 흔쾌히 발을 내밀었다. 여우는 사자의 발을 정성껏 가죽으로 감싸고, 야자수 잎으로 만든 끈으로 단단히 묶어 주었다. 습기에 촉촉해진 가죽은 처음엔 시원하고 편안했다. 여우가 덧붙였다.

"이제 마지막으로 햇볕에 발을 말리시면 됩니다. 그러면 금방 거뜬해지실 겁니다."

사자는 의심 없이 여우의 말대로 뜨거운 햇볕 아래서 기다렸다. 그런데 가죽은 곧 쪼그라들고 쪼그라들어, 마치 죽은 나무처럼 딱딱해졌다! 그 고통은 이루 말할 수 없었고, 사자의 울부짖는 소리가 온 숲을 뒤흔들었다. 다른 동물들은 감히 다가가지도 못했다. 여우는 자신이 한 일을 자랑스러워하며 돌아다니면서 소식을 전했다. 여우는 멀찍이서 크게 외쳤다.

"보라! 내가 복수했다! 이제 사자는 고통에 갇혔다!"

그러나 암토끼만은 사자를 불쌍히 여겨 다가가 말했다.

"폐하, 저를 잡아먹지 않겠다고 약속하신다면 고통을 덜어드리겠습니다."

"왕의 맹세다. 보답도 해주마."

토끼는 물웅덩이에서 온 힘을 다해 물을 길어왔다. 목구멍에 가득 물을 채워 와 사자의 발 위에 쏟았다. 가죽은 차츰 늘어났다. 마침내 사자의 발이 풀려 어느 정도 움직일 수 있게 되었다. 그런데 은혜를 저버린 사자는, 고맙다는 말

한마디도 없이 앞발을 번쩍 들더니 그대로 토끼 위로 내리쳤다. 토끼가 몸부림쳤다.

"너를 구해 준 나를 잡아먹을 셈이냐?"

"그래, 신이 널 내 앞에 보내주셨지!"

그리고는 꿀꺽! 토끼를 단번에 삼켜버렸다. 그런데 다행히, 너무 빨리 삼켜버린 탓에 토끼는 뒤로 튕겨 나와 도망칠 수 있었다. 토끼는 달아나면서 계속 외쳤다.

"사람들아! 네가 베푼 선행이 되레 화가 되어 돌아오는 것을 조심하라! 사람들아, 조심하라…"

상처 입은 사자

옛날 옛적, 아득히 먼 옛날 아프리카의 광활한 땅에, 무리와 떨어져 홀로 사는 젊은 사자가 있었다.
그의 아버지와 형제들은 모두 사냥에 능숙한 용맹한 사자들이어서, 날마다 고기를 많이 잡아 왔다. 오릭스, 스프링복, 가젤 같은 신선하고 영양가 있는 고기였다. 하지만 어머니는 젊은 사자가 어릴 적에, 인간 사냥꾼들에게 잡혀 일찍 세상을 떠났다. 그는 어머니의 부드러움을 기억하며, 밤이면 별들 사이에서 어머니를 찾듯 공상에 잠기곤 했다.

그는 사냥에도, 형제들 사이의 우두머리 다툼에도 전혀 흥미가 없었다. 대신 호숫가와 강가를 거닐며 혼자만의 시간을 보내는 것을 좋아했다. 저녁이 되면 언덕에 올라 노을을 감상했고, 자연이 지닌 신비로움과 끊임없이 변화하고 새로워지는 힘에 매료되었다.

그러던 어느 날 저녁, 사자는 큰 무화과나무 근처에 있는 깊은 함정에 빠져 덫에 걸려 버렸다. 그곳은 사자가 더운 낮이면 자주 와서 쉬던 곳이었다. 평소에는 그곳에서 사자는 마을 아이들이 노래 부르며 웃는 소리, 선생님이 반복해서 가르치는 소리를 듣곤 했다.

사자는 심한 상처를 입었지만 밤새 발버둥 쳐서 마침내 구덩이에서 빠져나왔다. 그러나 뒷다리는 크게 다쳐 절뚝거리며 걸어야 했다. 사자는 숲속으로 간신히 몸을 옮겨 휴식을 취했다. 하지만 다친 사자는 사냥을 할 수 없어서 제대로 먹지도 못하고, 가족과 떨어져 있었기 때문에 도움을 받을 수도 없었다. 사자는 거의 힘이 빠졌다. 결국 고기 대신 풀과 뿌리로 연명했고, 갈기마저 빠져 초라한 몰골이 되었다. 마침내 힘이 다해가자, 그는 커다란 무화과나무 아래 쓰러져 깊은 잠에 빠졌다. 그런데 그 순간, 숲에 홀로 산다는 위대한 백사자가 나타나 그를 깨웠다.

"정신 차려라!"

백사자는 젊은 사자에게 숲속의 빈터를 가리키며 말했다.

"그곳에 가면 푸른 열매가 열리는 나무가 있다. 그 열매를 먹고, 태양의 열기가 피부를 태우는 때에 멧돼지가 쉬는 신성한 늪에서 몸을 씻어라. 그 늪은 마법의 샘에서 솟아나는 물로 차 있다. 그러고 나면 너는 다시 힘과 활력과 자신감을 되찾을 것이다. 그리고 몸과 마음, 영혼까지 영원히 보호받을 것이다. 나는 그곳에서 너를 기다리겠다."

새벽빛이 떠오르자, 상처 입은 사자는 마지막 힘을 짜내어 천천히 숲속을 헤치고 나아갔다. 마침내 마법의 빈터에 도착해 푸른 열매를 배불리 먹었다. 사자는 달고 향기로운 열매를 먹고 곧 활력을 되찾게 되었다. 힘을 되찾은 사자는 아침 일찍 늪으로 향했다. 그곳에서는 코끼리 떼가 서로 물을 뿌리며 물놀이를 하고 있었다. 사자가 조심스레 다가가 말했다.

"부디 저도 목욕하게 해주십시오. 여러분을 해치려는 것이 아닙니다."

그 말에 코끼리들은 우렁찬 소리를 내며 비웃었다. 그러다 무리의 우두머리인 암코끼리가 사자에게 물었다.

"혹시 위대한 백사자가 너를 보냈느냐?"

"그렇습니다."

"좋다. 하지만 마지막 시험이 남았다. 이 늪을 보아라. 열 걸음 남짓 둥글게 펴졌고, 다섯 길은 더 깊다. 그 속이 얼마나 되는지 맞혀 보아라."

사자는 잠시 머리를 긁적였다. 그러다 선생님이 아이들에게 늘 반복해서 알려주었던 셈법 한 토막이 떠올랐다. 사자는 그 말을 되뇌며 수를 헤아려 보았다. 그리고 마침내 답을 말했다. 정답이었다. 그러자 코끼리 떼는 기쁨의 나팔을 울리며 환영했고, 그에게 영광스러운 길을 내주었다.

그러자 상처 입은 사자가 물속으로 들어갔다. 코끼리들이 뿌려주는 은혜로운 물줄기로 온몸을 씻었다. 사자는 물속에서 뒹굴고, 마시고, 헤엄쳤다. 그 물은 사자를 새롭게 태어나게 했다. 발은 전혀 아프지 않았고, 물에서 나와 몸을 털자, 화려하게 빛나는 갈기가 되살아나 있었다. 갈기는 완벽한 근육 위에 멋지게 펼쳐져 있었다. 사자는 굳건한 목소리로 코끼리들에게 깊이 감사 인사를 하고, 우아하고 당당한 걸음으로 자리를 떠났다.

후각을 되찾은 사자는 쉽게 무리를 찾아 가족에게 갔다. 하지만 사자 가족은 오히려 눈앞의 젊고 멋진 사자가 자기

가족이라는 것을 알아보지 못했다. 너무나 달라져 있었기 때문이었다. 젊은 사자에게서는 힘과 평온함, 고요한 위엄이 뿜어져 나와 아무도 그를 건드릴 수 없었다. 아버지와 형제들은 함께 사냥을 나가자고 권했지만, 사자는 가만히 거절했다. 그러자 아버지가 비꼬듯 말했다.

"무슨 일이지? 혹시 사냥 대신 암사자를 만나러 가기라도 하려는 것이냐?"

"전혀 그렇지 않습니다. 저는 백사자와 함께 살러 떠납니다. 숲속에 사는 백사자가 제게 삶의 기쁨을 다시 찾게 해주었습니다."

이 말을 남기고 젊은 사자는 가족에게 작별 인사를 한 뒤, 자신이 진정으로 행복하고 보호받고 있다고 느낄 수 있는 곳, 자신을 이해해주는 숲속으로 향했다. 그곳에서 사자는 위대한 백사자와 함께 오래도록 바라던 평온하고 고요한 삶을 살았다.

왕과 부엉이

'카빌리'에는 오늘날까지도 금기시되는 것이 하나 있다. 바로 부엉이다. 아무도 부엉이를 죽이지 않고, 고기도 먹지 않는다. 부엉이 울음소리가 들리면, 다음 날 반드시 누군가 죽는다는 말이 전해지고 있어서 부엉이를 불길한 새로 여겼기 때문이다.

그런데 부엉이는 날개 달린 동물 중 가장 지혜로운 동물로도 알려져 있다. 이 평판은 부엉이가 솔로몬 왕과의 대결에서 이겼다는 전설 때문에 생겨났다. 전설 속 솔로몬 왕은 온 세상의 모든 새를 거느리며, 그들에게 무엇이든 시킬 수 있는 절대적인 권력을 가졌다. 그는 아내가 여러 명 있었지만, 어느 날, 매우 아름답고 젊은 여인을 새로 아내로 맞았다. 지금까지 한 번도 느껴본 적 없는 사랑에 빠진 솔로몬 왕은 그녀를 무척 아끼고, 궁전 안에만 있게 했다. 그녀 곁에는 밤낮으로 시중드는 하녀들이 수두룩했다.

젊은 왕비는 남편인 솔로몬 왕이 자신에게 완전히 빠져 있다는 것을 알고는, 어느 날, 이렇게 말했다.

"부드러운 솜털로 만든 침상을 갖고 싶어요. 거기서 편히 쉬고 싶어요."

왕비의 말은 곧 왕의 명령으로 이어졌다. 솔로몬 왕이 즉시 모든 새를 부르자 몇 분 만에 궁전은 온 나라의 새들로 둘러싸였다. 왕이 왜 이렇게 모든 새를 한 번에 부른 건지 모두가 궁금해했다. 평소에는 몇 마리만 불러 심부름을 시켰는데, 이번엔 전부를 부르다니 뭔가 특별한 일이 있는 게 틀림없었다. 모든 새가 모이자 왕이 말했다.

"내 아내가 너희 솜털로 만든 침상을 원한다. 거기서 쉴 수 있도록 해주고 싶다."

새들은 왕이 기뻐하도록 기꺼이 자기 깃털을 부리로 뽑아냈다. 뽑은 솜털은 큰 양모 담요 위에 산처럼 쌓였다. 솔로몬 왕은 그 기회에 서기관에게 오늘 모인 새들의 이름을 모두 기록하게 했다. 그런데 명단을 보니, 유독 부엉이만 오지 않았다. 이 사실을 알게 된 왕은 심기가 몹시 불편해졌다. 왕은 부엉이에게 어떤 벌을 내릴지 궁리하기 시작했다.

이틀이 지나서야 부엉이가 궁전에 나타났다. 부엉이는 즉시 왕 앞으로 끌려갔다. 화가 나서 얼굴이 벌겋게 달아오른 왕이 물었다.

"무슨 일로 지금까지 나타나지 않은 것이냐? 왜 제때 오지 않았느냐?"

부엉이가 대답했다.

"폐하, 용서하십시오. 계산에 몰두하다 보니 시간 가는 줄 몰랐습니다."

"무슨 계산을 하고 있었느냐?"

"밤낮의 수를 세고 있었습니다."

"결과는 무엇이더냐?"

"밤보다 낮이 훨씬 많다는 것을 알아냈습니다."

"그게 무슨 말이냐?"

"보름달이 뜬 밤은 대낮처럼 환하니, 저는 보름밤도 낮에 포함시켰습니다."

"네 말이 맞다. 그럼 첫날 안 온 것은 용서하마. 그런데 둘째 날은 왜 안 왔느냐?"

"첫 번째 계산을 끝낸 다음에는 세상에 사는 남자와 여자의 수를 계산했습니다."

"그랬더니?"

"폐하, 불경하게 들으실지 모르겠으나, 여자가 남자보다 많습니다."

"그걸 어떻게 알게 되었느냐?"

"조사를 해 보니 그렇습니다, 폐하!"

"어떤 조사였지?"

"제 생각에, 남자와 여자가 다투다가 남자가 손을 들고 포기하면, 그 순간 그는 여자가 된 것이나 마찬가지입니다. 여기에, 비록 왕일지라도 아내의 터무니없는 요구를 무조건 들어주는 남자까지 합치면, 여자가 더 많을 수밖에 없습니다."

왕은 순간 할 말을 잃었다. 부엉이의 말은 뼈아팠지만 사실이었다. 벌을 내릴 구실이 없었다. 결국, 솔로몬 왕은 다시 손뼉을 두 번 쳐 모든 새를 불렀다. 모인 새들에게 각자 자신이 낸 솜털을 가져가라고 했다. 이유는 말하지 않았지만, 모두 상황을 이해했다.

그리하여 왕비의 침상을 덮을 예정이었던 그 솜털은, 그 날 이후로 새끼 새들이 포근하고 따뜻하게 자랄 수 있도록 둥지 속에서 쓰이게 되었다. 그래서 지금도 새의 둥지에는 솜털이 있는 것이다.

자칼과 고슴도치

옛날 옛적에 고슴도치와 자칼이 친구가 되었다. 고슴도치는 자칼에게 물었다.

"너는 꾀가 몇 개나 있니?"

"백 개 반이나 있지."

자칼도 고슴도치에게 물었다.

"그럼 너는?"

"난 반 개밖에 없어."

둘은 밤새 길을 따라 걷다가 작은 마을에 이르렀다. 그곳에서 곡물 창고를 발견하고는 안으로 들어갔다. 배가 고팠던 두 친구는 밀을 실컷 먹었다. 배가 부르자 고슴도치가 말했다.

"내가 네 머리 위에 올라가서 바깥을 볼게. 허리를 좀 숙여봐."

자칼이 허리를 굽히자 고슴도치는 자칼의 등에 올라 창고 입구로 껑충 뛰어올랐다. 그리고는 밖으로 훌쩍 빠져나갔다. 창고 안에는 자칼만 혼자 남게 되었다. 그때 고슴도치가 창고 밖에서 말했다.

"힘껏 빠져나와 봐! 나는 꾀가 반 개밖에 없는데도 나왔거든. 너는 꾀가 백 개 반이나 된다면서 못 나오는구나."

토끼와 자칼

옛날에 자칼과 길을 건던 토끼가 말했다.

"나한테 꾀가 하나 있어."

자칼이 대답했다.

"나는 아흔아홉 개나 있는데."

토끼가 다시 말했다.

"우리 저기 과수원에 들어가서 과일 먹자."

둘은 함께 들어가 과일을 먹기 시작했다. 토끼가 말했다.

"무화과 맛있다. 너도 좀 먹어봐."

자칼이 물었다.

"넌 뭐 먹고 있어?"

토끼가 답했다.

"포도."

둘은 과수원에 따로따로 흩어져 배가 부를 때까지 먹었다. 이번에는 자칼이 말했다.

"어서 가자, 이제 배부르다."

토끼가 말했다.

"네가 더 크니까 먼저 나가."

자칼이 대답했다.

"네가 먼저 나가서 과수원 주인이 있나 없나 봐봐."

토끼는 먼저 나갔다. 배가 불룩 나와서 빠져나갈 수 없었던 자칼은 과수원 담장 구멍 옆에 그대로 남았다.

"어쩌면 좋지? 알려줘."

"나는 꾀가 하나뿐이야. 99개나 있는 너를 도울 수가 없는걸."

토끼는 이렇게 말하고 도망가 버렸다. 결국 자칼은 과수원 주인에게 잡혔다. 주인이 말했다.

"이제 너를 어떻게 할까?"

자칼이 대답했다.

"정의의 뜻대로 하세요."

주인이 말했다.

"정의는 네가 죽는 걸 원해."

자칼이 애원했다.

"그러면 우리 새끼들한테 작별 인사라도 하게 해주세요. 다시 돌아올게요."

"맹세하렴!"

자칼이 맹세하자 주인은 그를 풀어주었다. 그러자 자칼은 그대로 도망친 후 돌아오지 않았다.

사자와 자칼, 그리고 인간

아주 오래전, 동물이 말을 하던 시절에 한 농부가 있었다. 농부는 소 두 마리로 밭을 갈며 살았다. 그는 매일 아침 일찍 소 두 마리를 몰고 밭으로 나갔다가, 저녁에는 한 마리만 데리고 돌아오곤 했다. 다음 날, 다시 소 한 마리를 사서 밭을 갈러 갔지만, 사자가 나타나 한 마리를 잡아가고, 한 마리만 남겨두고 갔다. 농부는 너무 속상해서 어떻게 하면 사자에게서 벗어날 수 있을지 고민하다가 우연히 자칼을 만나 그 이야기를 들려주었다.

자칼이 말했다.

"내가 해결해줄게. 대신 나한테는 뭘 해줄래?"

농부가 대답했다.

"네가 원하는 건 뭐든지 줄게."

자칼이 말했다.

"그럼 도실토실 살찐 양을 보상으로 줘. 내 말 잘 들어. 내일 사자가 오면, 난 언덕 너머에서 올 거야. 넌 날카로운 도끼를 준비해. 내가 너에게 '누구랑 같이 있어?' 하고 묻거든, '보리 짐을 나르려고 데려온 당나귀야'라고 대답해. 그럼 내가 '나는 사자를 찾고 있어. 당나귀는 관심 없어'라고 말할 거야. 그때 사자가 '너랑 이야기하고 있는 게 누구야?' 하고 묻거든, '님스야'라고 해. 사자는 그 말을 듣고 겁에 질려서 '나 좀 숨겨줘, 무서워'라고 할 거야. 그럼 넌 사자를 앞에 눕히고 눈을 감으라고 해. 내가 '그 앞에 누운 건 뭐야?' 하고 물으면 '나무 기둥이야'라고 해. 그럼 내가 '도끼로 쳐봐, 사자가 아닌지 확인해보자'라고 말할 거야. 그때 넌 도끼로 사자의 이마를 힘껏 내리쳐. 내가 '잘 안 들렸어, 다시 쳐!' 하면 사자가 죽을 때까지 계속 치면 돼."

다음 날 아침, 사자는 언제나처럼 농부에게 다가와 소 한 마리를 잡아먹으려 했다. 그 순간 자칼이 언덕 너머에서 나타나 외쳤다.

"거기 누구랑 같이 있어?"

농부가 대답했다.

"내 앞에 있는 건 보리 짐을 나르려고 데려온 당나귀야."

자칼이 말했다.

"조심해! 난 지금 사자를 찾고 있어!"

사자가 놀라서 농부에게 물었다.

"지금 너랑 말하는 게 누구야?"

"님스야."

"나 좀 숨겨줘! 무서워."

농부는 말했다.

"그럼 내 앞에 엎드려. 눈 감고 가만있어."

사자는 눈을 꼭 감고 숨도 죽인 채 농부 앞에 엎드렸다. 농부가 자칼에게 말했다.

"오늘은 사자를 못 봤어."

자칼이 다가와 말했다.

"네 앞에 누운 건 뭐야?"

"이건 나무 기둥이야."

"기둥이 맞는지 도끼로 한번 쳐봐."

농부는 자칼의 말대로 도끼를 들어 사자의 이마를 세게 내리쳤다. 자칼이 다시 말했다.

"잘 못 들었어! 한 번 더 쳐봐!"

농부는 세 번, 네 번 더 세게 내리쳐 결국 사자를 죽였다.

농부는 자칼을 불렀다.

"이것 봐, 사자를 죽였어! 네 말대로 한 덕분이야. 이리 와서 나 좀 안아줘. 내일 약속한 양을 줄테니 와서 가져가."

그렇게 둘은 헤어졌다.

다음 날 아침, 농부는 살찐 양 한 마리를 자루에 넣어 입구를 묶고 마당에 내놓았다. 그리고 소를 몰고 밭으로 나갔다. 그사이 농부의 아내가 자루의 끈을 풀어 양을 꺼내 풀어주고, 대신 개 한 마리를 자루에 넣었다. 잠시 뒤, 농부가 다시 와서 자루를 들고 밭으로 갔다. 자칼이 찾아와 말했다.

"약속한 양은 어딨어?"

"여기 자루 안에 있어. 열어봐, 내가 준비한 양이야. 이젠 네 거야."

자칼이 자루를 슬쩍 열어보니, 양의 눈보다 훨씬 날카롭게 빛나는 두 눈이 반짝이고 있었다. 자칼이 말했다.

"이봐, 나를 속이는 거야?"

농부가 대답했다.

"무슨 소리야? 양 넣었어. 자루 열어봐, 거짓말 아냐."

자칼은 농부 말대로 자루를 활짝 열었고, 그 순간 사나운 개가 튀어나와 자칼에게 달려들었다. 자칼은 혼비백산 도망쳤지만, 개가 뒤쫓아와 끝내 자칼을 물어 죽였다.

자칼과 당나귀

어느 날 한 남자가 아내에게 말했다.

"당나귀에 안장을 얹고, 바구니에 우유 항아리 하나, 무화과랑 빵도 좀 넣어줘."

그렇게 준비를 마친 후 혼자 심부름 길에 나선 당나귀는, 도중에 울고 있는 자칼을 만났다. 당나귀가 물었다.

"왜 울고 있니?"

"다리를 다쳤어."

자칼이 흐느꼈다. 당나귀가 말했다.

"나를 속이는 게 아니라면 태워줄게."

자칼은 당나귀 등에 올라탔다. 그러고는 항아리를 열고 우유를 마셔버렸다. 그런데 우유 한 방울이 당나귀 귀에 똑 떨어졌다.

"너 나를 속였구나. 이건 일꾼들 먹을 저녁이야."

당나귀가 따지자, 자칼이 대답했다.

"내 발에서 고름이 떨어진 거겠지."

그러더니 이번에는 빵을 먹어버렸다. 부스러기 하나가 당나귀 귀에 떨어지자, 당나귀가 다시 말했다.

"날 속였지! 이건 일꾼들 밥이라니까!"

자칼은 태연하게 대답했다.

"내가 떼어낸 건 그냥 딱딱하게 굳은 빵 부스러기야."

이번에는 자칼이 무화과를 먹어버렸다. 그때 줄기 하나가 당나귀 귀에 툭 떨어졌다.

“날 속였지! 이건 일꾼들 저녁거리라고!”

당나귀가 화를 내자 자칼이 대답했다.

“아니야. 또 굳은 껍데기였어.”

결국, 목적지에 도착해서 보니, 자칼이 우유도, 빵도, 무화과까지도 죄다 먹어 치우고, 바구니는 텅 비어 있었다. 자칼은 언덕 꼭대기에 도착하자마자 당나귀 등에서 뛰어내리며 말했다.

“당나귀야, 완전히 속았지롱!”

자칼과 자고새

어느 날 자고새를 만난 자칼이 물었다.

“너는 누가 그렇게 멋지게 색칠해줬니? 깃털이 정말 화려하구나!”

자고새가 대답했다.

“너도 나처럼 되고 싶으면 이렇게 해 봐. 하늘을 오래 바라보면 눈이 부셔서 눈이 반짝이게 될 거야. 그다음에 절벽 아래로 뛰어내리면 멋진 신발이 생길 거고, 느릅나무 위에 올라가면 맛있는 대추도 얻을 수 있어. 그리고 꽃밭에 들어가면 화려한 겉옷도 생길 거야.”

자고새의 말을 들은 자칼이 말했다.

“나도 그렇게 해 볼게!”

그러고는 절벽 아래로 몸을 던졌더니, 그만 다리가 부러졌다. 하늘을 뚫어져라 바라보다 눈이 멀어버렸고, 느릅나무에서 떨어져 죽고 말았다.

고슴도치와 자칼

고슴도치와 자칼은 채소밭에 양파를 함께 기르기로 했다. 양파가 자라 수확할 때가 되자, 고슴도치가 자칼에게 말했다.

"땅 위에 난 걸 가질래, 땅속에 난 걸 가질래? 네가 먼저 골라."

자칼이 대답했다.

"나는 땅 위에 난 걸 가질래."

그러고는 양파 줄기만 잘라갔다. 이번에는 둘이 함께 밀을 심었다. 밀이 익자 고슴도치가 다시 물었다.

"이번에도 네가 먼저 골라. 땅 위에 난 걸 가질래, 아래에 난 걸 가질래?"

자칼은 대답했다.

"이번에는 땅 아래 난 걸 가질래."

고슴도치는 밀을 베어 탈곡했고, 짚은 한데 모아 더미로 쌓아 두었다. 알곡은 아직 탈곡마당에 옮기지 않은 상태였다. 자칼이 말했다.

"날 속였구나! 다시 나눠야 해."

고슴도치는 거절했다.

"싫어. 약속대로 했을 뿐이야."

자칼은 억울해하며 제안했다.

"그럼 달리기로 겨뤄 보자. 먼저 타작마당에 도착한 쪽이 그 안에 든 것을 다 가지는 거야!"

"그래!"

고슴도치가 대답했다. 그런데 고슴도치는 몰래 자기 형을 미리 타작마당에 있는 곡식더미 속에 숨어있게 했다. 자칼과 고슴도치는 경주를 시작했고, 자칼이 먼저 도착했다. 하지만 그곳엔 이미 고슴도치의 형이 미리 와서 밀이 얼마나 있는지 재고 있었다. 자칼은 깜짝 놀라 말했다.

"다시 하자!"

"그래!"

고슴도치는 그렇게 말한 뒤 이번에는 형 대신 직접 나섰다. 달리기가 끝나자 자칼은 또다시 고슴도치가 이미 밀을 재고 있는 모습을 보고는 체념한 채 돌아가 버렸다.

인간과 살모사, 그리고 고슴도치

한 남자가 새끼 살모사 한 마리를 발견했다. 그는 살모사를 데려다 키웠다. 살모사는 몸집이 커지자, 어느 날 갑자기 그의 목을 휘감았다. 남자가 말했다.

"내려와."

살모사는 거절했다.

"그럼 재판을 받으러 가자."

살모사가 대답했다.

"좋아, 가자."

재판장에 가는 도중에 그들은 고슴도치를 만났다. 고슴도치가 물었다.

"어딜 가는 거요?"

남자가 설명했다.

"내가 이 살모사를 어릴 때부터 키웠는데, 지금은 내 목을 감고 내려오질 않네요."

바로 그때 한 여인이 쿠스쿠스를 가지고 지나갔다. 남자가 말했다.

"내려와. 쿠스쿠스 줄게."

살모사는 남자의 목에서 스르르 내려왔다. 그러자 고슴도치가 남자에게 말했다.

"어서 죽여버려요."

남자는 지체하지 않고 살모사의 머리를 짓이겨 죽였다.

그 순간, 영리한 고슴도치는 재빨리 달아나 풀숲으로 숨어 버렸다. 그 모습을 본 남자가 중얼거렸다.

"도망쳤군. 안 그랬으면 우리 아이들 밥거리로 집에 데려갔을 텐데."

풀숲 너머에서 고슴도치가 말했다.

"검은 머리 인간이라니! 불에 타 죽게 생겨도 물 한 방울 주나 봐라."

II

전설

접시 속의 태양

카빌리 지방의 전설에 따르면, 옛날 옛적 어떤 할머니가 놀라운 일을 했다. 그 할머니는 자기 그릇에 달을 떨어뜨려 마법을 걸었다. 달을 무사히 내려오게 한 기세로, 이번에는 태양에 도전했는데, 그게 화근이 되었다. 달을 끌어내릴 때는 아무 문제가 없었으나, 태양을 내리는 순간, 대낮이 갑자기 한밤중으로 변해버린 것이다.

그날, 할머니는 낫을 들고 큰 접시에 부어둔 물을 미친 듯이 휘젓기 시작했다. 거품이 생겨 수없이 많은 방울이 하늘로 올라갔다. 그 양이 너무 많아 잠시 후 태양이 가려졌다. 태양은 점점 작아지더니 마침내 작은 공이 되어 할머니 접시 속으로 떨어졌다. 세상은 빛을 잃고 어둠에 뒤덮였다. 이 광경을 처음 목격한 사람들은 혼비백산했다. 사람들은 놀라 허둥지둥 뛰어다녔다. 그중 할머니가 마녀의 힘을 가졌다는 길 아는 이들이 찾아와 태양을 제자리로 돌려놓으라고 간청했다. 할머니는 태양을 원래대로 되돌려 놓으려고 여러 번 시도했지만 소용없었다. 사람들은 할머니한테 몰려들었고, 할머니를 의심하며 점점 위협적으로 변했다. 그들은 손에 횃불을 들고 할머니의 초가집으로 다가와, 차라리 이 할머니 마녀를 산 채로 태워 죽이면 태양이 돌아올지도 모른다고 생각했다. 겁에 질린 할머니는 죽음이 다가옴을 느끼고 신께 기도했다.

"오, 나의 주여, 제가 큰 잘못을 저질렀나이다. 하늘에 있던 태양, 세상에 빛을 주던 그 태양을 제가 떨어뜨렸나이다. 사람들이 저를 죽이려 하나이다."

그러자 진노한 신이 말씀하셨다.

"태양은 네가 사랑하는 아들을 제물로 바치기 전까지 하늘로 돌아가지 않을 것이다. 그것이 네가 치러야 할 대가다."

궁지에 몰린 할머니는 결국 그 요구를 받아들였다. 그것이 이 세상에 처음 있었던 인신 공양이었다. 아들이 희생되자 태양은 다시 하늘로 돌아가 지금까지 빛나고 있다.

이 사건은 이후 모든 마녀에게 강력한 경고가 되었다. 다시는 태양이나 달을 자기 그릇에 떨어뜨릴 생각을 하지 못하게 된 것이다. 그렇게 하면 반드시 자기 자식을 잃게 되기 때문이다.

신의 경고는 효과가 있었다. 그 후로는 그 누구도 태양이나 달을 땅으로 끌어 내리지 못했다. 가장 대담한 마녀들조차 주기적으로 일어나는 일식을 일으키는 것 말고는 아무것도 하지 못했다. 다행히 일식은 지상에 아무런 해가 되지 않는다.

셰이크와 수도승

옛날 옛적에, 학식이 깊고 지혜로운 셰이크가 있었다. 물론 진정한 학식과 지혜는 오직 알라만이 가지고 계시지만 말이다.

이 성스러운 인물은 가난하게 살면서도, 신께서 주신 빛나는 지성을 바탕으로 자신이 배운 지식을 젊은이들에게 전했다. 그는 많은 사람에게 사랑과 존경을 받았다. 그래서인지 술탄이 그를 시기하게 되었다.

어느 날, 술탄이 셰이크를 불러 말했다.

"그대는 명망 높은 스승이고 뛰어난 교육자요. 내가 제자 한 명을 맡기겠소. 그대에게 3년간 시간을 줄테니, 제자에게 꾸란을 가르쳐주시오."

그리고 술탄은 어린 낙타 한 마리를 보여주었다. 술탄이 소유한 다른 동물들처럼 무척 아름다운 낙타였다.

"이 녀석이 당신의 제자가 될 것이오. 내일 아침까지 잘 생각해 보시오. 만약 이 일이 어렵다고 생각되면 거절해도 좋소. 다만 거절한다면, 깊은 감옥을 준비해 두었으니 그곳이 그대의 감옥이자 무덤이 될 것이오."

셰이크는 크게 낙담한 채 돌아갔다. 그는 자신의 학문과 지혜를 원망하며, 심지어 신께 불만을 품을 지경이었다. 그때, 어떤 수도승을 만났다. 그 수도승은 거친 옷을 걸치고 풀과 뿌리로 연명하며, 사람보다 들짐승과 어울려 사는 소박한 인물이었다. 셰이크가 사정을 털어놓자, 수도승이 말했다.

“오, 현자여. 당신의 학문이 스스로를 눈멀게 하고, 시야를 좁히며, 겁쟁이로 만들었나 봅니다. 지극히 높으신 분의 뜻을 현자께서 어찌 알겠습니까. 그분만이 참으로 두려워해야 할 분이지요, 술탄은 언젠가 죽을 거 아닙니까. 가서 술탄의 제자를 받으세요. 3년 안에 현자께서 죽게 되면, 그땐 자비로우신 분 품에 있게 될 것입니다. 낙타가 죽게 되면, 실력을 증명할 필요도 없을 것 아닙니까? 그리고 만약 그 오만한 술탄이 죽는다면, 현자께서 낙타의 주인이 되어 지금보다 더 부유해질 것입니다.”

그리고 정말로 수도승의 말처럼 되었다. 얼마 지나지 않아 술탄이 세상을 떠났고, 낙타를 돌려 달라는 사람은 아무도 없었다.

벌거벗은 채 있고 싶었던 나무

옛날 옛적, 넓은 과수원 한가운데에 나무 한 그루가 있었다. 작은 연둣빛 새싹으로 땅을 뚫고 나온 그 나무는 처음에는 주변에 있는 풀들과 다르지 않아 자신이 풀인지 나무인지 구분하지도 못했다. 그렇게 나온 새싹은 세상 모든 것이 궁금해서 사방을 둘러보았다. 아침에 피어 저녁이면 스러지는 꽃들, 가지에서 가지로 날아다니며 지저귀는 새들, 이른 아침 과일을 따러 오는 농부, 바람에 살랑살랑 흔들리는 풀들…. 아! 나무는 이 모든 세상이 참으로 아름답다고 느꼈다. 그리고 자신도 이 아름다움 속에서 제 자리를 찾아 함께 어울리고 싶었다.

1년이 지나, 나무는 제법 자라 가지를 몇 개 뻗은 작은 묘목이 되었다. 그제야 비로소 자신이 풀 한 포기가 아니라, 나무라는 것을 깨달았고, 주변의 오래된 나무들을 유심히 관찰하기 시작했다. 그 나무들은 참으로 크고 아름다웠다. 싱그러운 잎과 화사한 꽃으로 뒤덮여 있었고, 그 꽃들이 하나하나 탐스러운 열매로 변해가는 모습을 보며 나무는 감탄을 금치 못했다. 농부가 정성껏 돌보는 것을 볼 때면 마음도 따뜻해졌다. 그러던 어느 순간, 문득 자기 몸을 내려다본 나무는 깜짝 놀랐다. 껍질은 다른 나무들과 전혀 닮지 않았고, 가지의 모양도 어딘가 다르다는 것을 깨달았기 때문이다. 그 순간 나무는 두려움을 느꼈다.

"나는 키가 충분히 안 크는 건 아닐까?
예쁘지 않은 건 아닐까?
혹시 열매를 많이 맺지 못하면 어쩌지?
혹시 사과나무, 배나무, 자두나무들이 내가 다르다고 받아주지 않으면 어쩌지?"

결국, 나무는 잎도, 꽃도, 열매도 맺지 않겠다고 결심했다.

그렇게 세월이 흘렀다. 매년 봄이 올 때마다 나무의 줄기는 굵어지고 길어졌으며, 새로운 가지도 돋아났지만, 잎도, 꽃도, 열매도 없었다. 다른 나무들 앞에서 벌거벗은 모습을 보이지 않으려고, 이 나무는 어릴 적부터 담쟁이덩굴과 나팔꽃, 겨우살이로 몸을 감쌌다. 자신이 어떤 모습으로 자랄지 알 수 없었기에, 차라리 자기 것이 아닌 남의 아름다움으로 자신을 가리며 살아온 것이다.

농부는 몇 번이나 그 나무를 베어 장작으로 써야겠다고 마음먹었지만, 다른 일이 바빠 늘 미루기만 했다. 그러던 어느 날 아침, 농부는 큰 도끼를 들고 와 나무를 휘감고 있던 담쟁이덩굴을 베어내기 시작했다. 덩굴은 워낙 무성해서 온종일 매달려 베어내느라, 정작 나무를 쓰러뜨리는 일은 또다시 미뤄졌다. 그날 밤, 작은 벌레 하나가 나팔꽃을 쏘아 꽃이 그대로 시들어 버렸다. 다음 날, 하늘의 새들이 날아와 겨우살이를 쪼아 먹어 치웠다. 이제 과수원 한가운데에는 아무 장식도 없는 나무 한 그루만이 덩그러니 서 있었다. 나무는 불현듯 자신이 벌거벗고 있음을 깨달았다. 게다가 더 이상 가릴 방법이 없다는 것도 알았다.

그러자 나무는 마음을 바꾸었다. 가지마다 연두빛의 아름다운 잎사귀를 틔우고, 갈색 가지 위에는 눈처럼 흰 작은 꽃들을 피웠다. 초록 잎과 대비되어 꽃은 한층 돋보였다. 그 사이 농부가 도끼를 들고 돌아왔다. 그런데 그가 본 것은 쓸모없던 통나무가 아니라, 아름다운 벚나무였다. 농부는 기적 같은 변화를 기뻐하며 이제 베어낼 이유가 없어진 나무를 그대로 두었다.

그날 이후, 나무는 과수원 한가운데에서 행복하게 살았다. 다른 나무들과 똑같지는 않았지만, 그렇다고 덜 아름다운 것도 아니었다. 그는 나무껍질의 질감, 가지의 모양, 잎의 형태, 꽃의 색깔은 중요하지 않으며, 정말 중요한 건, 오직 자기만이 맺을 수 있는 열매라는 것을 깨달았다.

해마다 좋은 계절이 오면, 농부의 아이들이 사다리를 들고 와 가지 사이로 올라가 탐스럽게 열린 열매를 마음껏 따 먹었다. 나무는 그 웃음소리를 들으며 맘껏 기뻐했다.

우리가 맺을 수 있는 열매를 두려워하지 말자. 그 열매는 아무도 대신 맺어 줄 수 없다. 누군가는 반드시 그것을 먹고 힘을 얻는다. 만약 우리가 열매를 내놓지 않는다면, 세상은 그만큼 무언가 부족해질 것이다. 그러니 두려워하지 말고, 그 열매를 기꺼이 내놓자. 그 열매 하나하나는 신께서 우리에게 주신 생명과 사랑을 더욱 넓고 깊게 자라게 할 것이다.

사자, 고양이, 쥐의 기원

우리 주 노아가 방주를 짓고 있을 때의 일이다.

어느 날 밤, 멧돼지 한 마리가 몰래 와서 방주의 벽을 어금니로 들이받아 부수고, 판자 한 장을 물어 갔다.

다음 날 아침, 노아가 일어나 방주를 살피러 왔다가 부서진 흔적을 보고 다시 고쳐 놓았다. 그런데 그다음 날도, 또 그다음 날도 같은 일이 되풀이되었다. 멧돼지는 사흘 연속으로 찾아와 방주를 망가뜨렸다.

이를 눈치챈 노아는 몹시 화가 난 채, 서둘러 부서진 곳을 고치다가 그만 손을 다치고 말았다. 그는 모래에 구멍을 파서 상처에서 흐르는 피를 그 안에 떨어뜨리고, 다시 흙으로 덮은 뒤 자리를 떠났다.

그런데 그 피가 햇볕에 데워지자, 그 자리에서 사자 한 마리가 태어났다. 다음 날 밤, 멧돼지가 또 방주를 부수러 왔을 때, 사자가 그곳을 지키고 있었다. 사자는 으르렁거리며 말했다.

"이 못된 놈, 어서 물러가라. 그렇지 않으면 널 죽이겠다."

멧돼지가 말을 듣지 않자, 사자는 멧돼지에게 달려들어 잡아먹었다. 그때부터 사자는 멧돼지 고기를 먹게 되었다.

그 후 방주 안에는 두 동물이 함께 타서 각자의 자리를 지키며 앉아 있었다. 그때, 멧돼지가 재채기를 하자, 콧구멍에서 쥐 한 마리가 튀어나왔다. 이어 사자도 재채기를 했고,

그의 코에서는 고양이 한 마리가 나왔다.

그래서 고양이는 쥐를 잡아먹게 되었다.

솔로몬과 그리핀

하루는 우리 주 솔로몬께서 정령들과 이야기를 나누고 있었다. 그가 말했다.

"'자베르사'에서는 여자아이가 태어났고, '자베르카'에서는 남자아이가 태어났다. 이 두 아이는 언젠가 만나게 될 것이다."

그러자 그리핀이 정령들에게 말했다.

"전능하신 신의 뜻이라 해도, 나는 절대 저 둘이 만나지 못하게 하겠다."

그 후, 자베르카의 왕자가 솔로몬을 찾아왔지만, 도착하자마자 병이 나버렸다. 한편, 그리핀은 자베르사의 공주를 납치해 바닷가에 있는 무화과나무 위에 내려놓았다. 병석에서 일어난 자베르카의 왕자가 배를 타고 돌아가던 중 바람에 밀려 무화과나무 근처로 오게 되었다. 그는 일행에게 말했다.

"나를 저기 내려줘."

그리고 무화과나무 아래로 가서 잠들었다. 공주가 그를 보고 나뭇잎을 던지자 왕자가 눈을 떴다. 공주가 말을 걸었다.

"여긴 나와 우리 어머니, 그리고 그리핀뿐이에요. 당신은 어디서 왔죠?"

"자베르카에서 왔어요."

공주가 다시 물었다.

"왜 신은 나랑 어머니, 그리고 우리 주 솔로몬 말고는 인간을 안 만드신 걸까요?"

왕자가 대답했다.

"신께서는 다양한 사람들과 나라를 창조하셨어요."

"그래요? 그럼 이렇게 하세요. 말을 한 마리 잡아 죽여서 껍질을 벗긴 뒤, 향유를 가져와 말가죽을 말리세요. 그걸 돛대 끝에 매달아요."

그리핀이 돌아오자, 공주는 일부러 울면서 말했다.

"왜 나를 솔로몬께 데려가지 않니?"

"내일 데려가마."

그날 밤, 공주는 왕자에게 말했다.

"어서 말가죽 안에 들어가 숨어있어요."

왕자는 그 안으로 들어갔다. 다음 날, 그리핀은 말의 사체를 물고 떠났고, 공주도 함께 출발했다. 둘이 솔로몬 앞에 도착했을 때, 솔로몬은 그리핀에게 말했다.

"봐라, 두 아이는 반드시 만나게 될 거라고 내가 말하지 않았느냐."

그러자 모든 사실을 알게 된 그리핀은 너무 부끄러워서 어떤 섬으로 날아가 숨어버렸다.

솔로몬과 용

옛날에, 용 한 마리가 '셰르셸' 위쪽에 있는 샘에 내려와 살고 있었다. 용에게는 여러 마리의 새끼가 있었다. 어느 날, 새끼들이 동굴 밖으로 나와 놀고 있었는데, 마을 아이들이 몰려와 새끼들을 때리면서 괴롭히다가 그만 네 마리를 죽이고 말았다.

이 사실을 안 용은 매우 화가 나서, 샘물에 독을 풀었다. 그 물을 마신 많은 도시 사람이 중독되어 죽고 말았다.

살아남은 사람들은 솔로몬 왕을 찾아가 하소연했다. 솔로몬은 그들을 불쌍히 여겨 용을 없애기 위해 함께 길을 떠났다. 그는 수탉 한 마리의 목을 베어 그 머리를 자기 머리 위에 얹었다. 그리고는 용이 사는 곳으로 가서 말했다.

"이 머리가 내 머리에 붙어 있는 동안은 너를 해치지 않겠다. 안심하라."

용은 솔로몬의 말을 곧이곧대로 믿고 안심하여 자기 머리를 말 안장에 얹은 채 쉬었다. 그러자 솔로몬은 그 틈을 노려 용의 머리를 덮쳐 끌어안고 뒤로 물러났다. 솔로몬은 용을 굴에서 끌고 나와 '메티자' 평야에서 죽였다.

용은 죽기 직전에 솔로몬 왕이 타고 온 말의 꼬리를 물어 송두리째 끊어버렸다. 솔로몬은 급히 '함맘리가'까지 달아나, 그곳에서 정령들에게 물을 데우게 해 용의 피로 물든 몸을 씻었다.

솔로몬과 거위 도둑

어느 날, 한 남자가 솔로몬 왕에게 찾아와 말했다.

"누군가 제 거위들을 훔쳐 갔습니다. 누군지는 모르겠습니다."

그러자 솔로몬은 대답했다.

"걱정 말거라. 내가 그 도둑을 찾아주마."

사람들이 모스크에 들어섰을 때, 솔로몬 왕이 말했다.

"여기 있는 사람 중 거위를 훔친 자가 있다. 그 사람은 머리에 깃털이 붙어 있다."

그러자 거위 도둑은 놀라서 얼떨결에 자기 머리를 손으로 만졌다. 그 모습을 본 솔로몬은 외쳤다.

"저놈이 범인이다! 저놈을 잡아라!"

시디 스미안과 시디 아흐메드 벤 유세프 이야기

옛날, '시디 스미안'이 한창 길을 막고 사람들을 약탈하던 시절의 이야기다.

어느 날 밤, 그는 길을 가던 '시디 아흐메드 벤 유세프'를 만났다. 아흐메드는 노새를 타고 있었다. 스미안이 소리쳤다.

"그 수노새에서 내려라!"

아흐메드는 침착하게 대답했다.

"수노새가 아니라 암노새다."

그러자 스미안이 말했다.

"그건 내 수노새야. 도망친 놈이다. 네가 뭘 알겠느냐?"

아흐메드는 태연히 말했다.

"봐라, 이게 모습이 변했지 않느냐."

스미안이 노새를 보자, 진짜로 수놈에서 암놈으로 변해 있었다. 그러자 아흐메드는 다시 노새를 수컷으로, 다시 암컷으로, 그렇게 다섯 번, 여섯 번을 바꿔 보여주었다. 결국 스미안은 짜증이 나서 이렇게 말했다.

"수놈이든 암놈이든, 어쨌든 이 노새는 내 거다!"

그러자 아흐메드는 정색하고 말했다.

"좋다, 가져가라. 하지만 그 선을 넘으면 내가 너를 삼킬 것이다."

스미안이 비웃으며 말했다.

"삼켜보시지!"

그러자 아흐메드는 조용히 그를 향해 몸을 돌리더니, 정말로 스미안을 꿀꺽 삼켜버렸다. 잠시 후 그는 스미안을 다시 토해냈다.

"내 뱃속에서 뭘 봤느냐?"

"앞뒷면에 글씨가 쓰인 판 하나를 봤다."

"그걸 다 읽었느냐, 아니면 한 면만 읽었느냐?"

"한 면만 읽었다."

"신께 찬미를! 네가 한 면만 읽었다니 다행이다. 만약 양면을 다 읽었더라면 내 아이들까지 살려 두지 않을 정도의 힘을 얻었겠지."

그러자 스미안이 저주를 퍼부었다.

"넌 유대인의 똥더미에 파묻혀 죽게 될 거다!"

아흐메드는 조용히 받아쳤다.

"그건 네 운명이지. 신의 뜻이라면, 너는 앞으로 슬픔과 독이 가득한 땅에서 살게 될 것이다."

시디 무함마드 아젤리와 술탄 물레이 무함마드 이야기

어느 날, 술탄 '물레이 무함마드'는 '시디 아젤리'에게 사람을 보내 마라케시로 오라고 명했다. 그렇지 않으면 감옥에 가둘 것이라고 했다. 하지만 시디 아젤리는 술탄이 자신의 염주와 성문서를 보내주지 않으면 마라케시로 갈 수 없다고 거절했다. 왕이 그 징표들을 보내자, 그는 마침내 길을 나서 마라케시에 도착했다. 하지만 그는 사흘 동안 아무것도 먹지도, 마시지도 않았다. 그러자 술탄이 물었다.

"내게 원하는 게 무엇인가? 무엇이든 주겠노라."

시디 아젤리는 대답했다.

"나는 다만, 내 노새의 자루에 밀을 가득 채워주시기를 바랍니다."

술탄은 창고지기에게 명령했다.

"저 노새의 자루를 밀로 채우도록 하라."

창고지기는 첫 번째 곡물 창고를 열고 자루에 밀을 퍼담기 시작했다. 하지만 자루는 끝내 차지 않고, 오히려 창고가 텅 비어버렸다. 두 번째 창고를 열었으나, 거기 있는 밀도 다 들어가고 말았다. 세 번째, 네 번째 창고도 마찬가지였다. 결국, 왕의 모든 곡물 창고가 바닥났지만, 노새 자루는 여전히 가득 차지 않았다. 급기야 지하 창고를 열어야 할 때가 되자 창고지기들이 술탄에게 달려와 말했다.

"폐하, 궁정의 곡물 창고가 모두 비었사옵니다. 하지만 이

성인의 노새 자루는 아직도 다 차지 않았습니다."

그 소문은 멀리 여러 지방까지 퍼졌고, 당나귀 몰이꾼들과 낙타 상인들이 시디 아젤리의 밀을 싣고 도시를 빠져나갔다. 사람들이 그들에게 물었다.

"그 많은 밀은 다 어디서 난 건가요?"

그들은 대답했다.

"이건 시디 무함마드 아젤리의 곡물이오."

이 소식이 술탄에게 전해지자, 그는 격노하여 시디 아젤리에게 따졌다.

"왜 이런 짓을 하는가? 이젠 왕의 창고가 텅텅 비었는데도!"

그는 신하들과 회의를 열고, 결국 성인의 목을 베기로 했다. 술탄이 명령했다.

"그를 데려오라."

병사들이 오자 시디 아젤리는 조용히 말했다.

"기도를 위한 세정을 마칠 때까지 기다리시오."

왕실 병사들이 그를 둘러싸고, 세정이 끝나면 왕 앞에 세워 목을 자르려 했다. 하지만 시디 무함마드 아젤리는 하늘을 바라보며 기도한 뒤, 세정하던 물그릇 안으로 들어갔고, 감쪽같이 사라졌다. 깜짝 놀란 병사들은 급히 시디 아젤리의 고향 '타군타프트'까지 가서 사라진 성인을 찾았지만, 그는 어디에도 없었다.

불경스러운 내기

어느 날, 낯선 남자가 성문 근처에 도착했다. 거기에는 사람들이 모여 있었다. 그는 사람들 곁에 앉아 자기 신발을 다른 사람들의 신발 옆에 놓았다. 그러고는 이렇게 말했다.

"내가 오늘 밤에 '셰이크 시디 아이사'의 모스크에 가서 바닥에 못을 박고 올 수 있는데, 내기할 사람 있소?"

밤이 되자 그 남자는 출발했고, 사람들은 진짜 그럴 수 있는지 보려고 멀찍이서 그를 따라갔다. 남자는 모스크에 도착해 바닥에 못을 박은 다음 일어서려 했다. 그런데 일어날 수가 없었다. 그는 자신의 옷자락이 못에 걸려 있다는 것을 모르고, 무언가에 붙들렸다고 생각했다. 공포에 질린 그는 비명을 질러 도움을 청했다. 사람들이 급히 달려왔지만, 그는 이미 극도의 두려움으로 숨이 멎어 있었다.

저주받은 자들에 대한 전설

옛날, 부와 권력이 있었지만, 그리 정직하지 못한 집안에서 태어난 '알리'라는 청년이 있었다. 알리에게는 '오리다'라는 어여쁜 누이가 있었다. 오리다의 아름다움에 빠진 알리는 참을 수 없는 충동에 사로잡혀 누이를 열렬히 사랑하게 되었다. 그래서 알리는 오리다를 다른 사람의 아내로 만들지 않겠다고 맹세했다. 이는 무모하고도 불경스러운 결심이었다.

알리는 마침내 이 불온한 열정을 누이와 함께 나누게 되었다. 두 사람은 무슬림 율법이 가장 엄중히 금하는 근친결혼을 하기로 마음먹었다. 신앙심이 깊지 않은 부모는 아들과 딸의 혼인을 허락하고 말았나. 하지만 결혼식에 초대받은 손님 중 단지 몇 명만이 주인의 훌륭한 접대 때문에 이들의 관계를 인정할 뿐이었다.

그래도 결혼식은 떠들썩했다. 기쁨이 가득한 듯한 환호성이 계속 터져 나왔고, 열정적인 춤이 이어졌다. 드디어 불경스러운 부부가 신혼 방으로 들어가려고 했다. 그 순간이었다. 방금까지 맑고 환하던 하늘이 갑자기 검은 구름으로 뒤덮였다. 천둥이 우레처럼 울리고, 번개가 하늘을 가르며 내리쳤다. 땅은 갈라지며 불길을 토해냈고, 이어서 유황과 불이 비처럼 쏟아져 잔치가 벌어지던 연회장을 순식간에 잿더미로 만들었다. 혼인 잔치 손님들은 도망치려 애썼으나 헛수고였다. 보이지 않는 힘이 그들을 자리에 붙들어 움직이지 못하게 했다.

광풍이 가라앉자, 눈앞에는 참혹하면서도 기이한 광경이 펼쳐졌다. 알리와 오리다, 하객들, 춤추던 사람들, 악사들, 노예들까지 모두 돌처럼 굳어 있었다.

오늘날 우리가 보는 원뿔 모양의 바위들은 바로 그 비극의 주인공들이다. 지금도 유황 냄새를 풍기며 끓어오르는 온천수는 알리와 오리다의 방종이 불러온 재앙을 증언하고 있다. 전설에 따르면 아직도 깊은 밤이 되면 그 돌들이 다시 살아나 불경스러운 축제가 되살아난다고 한다. 그때 그곳에 다가가면, 악마의 원무에 끌려 들어가 저주받은 무리의 석상에 합류하게 된다고 전해진다.

아랍인의 콩스탄틴 정복에 얽힌 전설

아랍인들이 콩스탄틴 근처까지 도착했다. 그들은 진을 치고, '압둘라 이븐 자파르'에게 물었다.

"이 도시 안으로 어떻게 들어가야 할까요?"

"사다리를 하나 가져오시오."

밤이 되자 압둘라 이븐 자파르는 아무에게도 들키지 않고 몰래 콩스탄틴 안으로 들어갔다. 사람들은 모두 잠들어 있었고, 깨어 있는 사람은 여자 한 명뿐이었다.

압둘라가 물었다.

"왜 깨어 있소?"

"아랍인들이 내 아들을 데려갔어요. 다시 데려올 방법을 찾고 있어요. 혹시 죽였을지도 몰라요. 하지만 아직 살아 있다는 말도 들었어요."

그러자 압둘라가 말했다.

"죽이지 않았더라도, 돌려보내지 않을 수도 있소."

그러자 그녀가 답했다.

"하지만 그들 가운데 훌륭한 분이 있다고 들었어요. 그분에게 부탁해서 내 아들을 죽이지 말라고 하고 싶어요."

"그 사람이 누구요?"

"압둘라 이븐 자파르라는 사람이래요."

"그게 나요."

"신께서 당신을 도우시길. 그러니 이젠 제 아들을 돌려주세요. 제발 살려 주세요."

"우리가 이 성에 들어올 방법을 알려주면, 당신 아들은 해치지 않겠소. 아들은 지금 내가 데리고 있소."

"내일 아들을 데려오면, 제가 성문을 열어줄게요."

다음 날, 도시는 아랍인들의 손에 들어갔다.

Ⅲ

보물, 정령, 요정들의 놀라운 이야기

아아마르 네프스와 형제들

'경멸받은 나뭇가지가 네 눈을 찌를지도 모른다!'

이것은 '카빌족'의 속담이다. 지금부터 들려줄 이야기에서 그 나뭇가지의 역할을 하는 것은, 형제들에게 멸시받던 한 어린 소년이다. 그러나 그는 곧 지혜롭고 총명한, 특별한 존재임이 드러난다.

옛날 옛적, 산골에 한 농부 가족이 살고 있었다. 신은 이 집안에 건장하고 힘센 아들 여섯을 내려주었다. 누구나 부러워할 만큼 복된 가정이었다. 그러던 중 아내가 일곱째 아이를 임신했다. 아버지와 여섯 형제는 크게 기뻐하며 아기가 태어나길 기다렸다. 드디어 아기가 태어났는데, 아주 작디작은 남자아이였다. 마치 아직 털도 나지 않은 어린 새처럼 연약했다. 가족은 깜짝 놀라, 이 아이가 집안의 웃음거리가 될 거라고 생각했다. 그리고 아이에게 반쪽짜리 아아마르라는 뜻을 가진 '아아마르 네프스'라는 이름을 붙였다.

아아마르 네프스는 키만 작았을 뿐, 다른 면에서는 모두 평범한 소년과 다르지 않았다. 하지만 나이가 들어도 키는 자라지 않았다. 열다섯 살이 되었을 때도, 여덟 살 아이로 보일 만큼 작았다. 대신 그 부족함을 메워주는 것은 남다른 재치와 지혜였다.

어느 해, 밀과 보리가 크게 풍년이 들었다. 아버지는 아들들에게 선물을 주기 위해 장에 나가 노새 일곱 마리를 사왔다. 아아마르는 자신이 가장 못생기고 고집 센, 비쩍 마른 노새를 받게 될 것을 알고 있었다. 그래서 모두가 잠든 밤, 그는 몰래 마구간으로 가서 가장 좋은 노새의 무릎에 긴 가시를 깊이 찔러 넣고 돌아왔다. 다음 날 아침, 형들은 튼튼한 노새를 먼저 골랐다. 결국 절뚝거리는 노새는 아아마르의 차지가 되었다.

"이건 다리를 절뚝거리잖아. 우리 집 반쪽짜리 동생한테 딱 어울리지!"

비록 키는 작지만, 형들보다 훨씬 똑똑했던 아아마르는 아랑곳하지 않았다. 아아마르가 가시를 빼내고 며칠 동안 정성껏 돌보자, 노새는 금세 나아서 더 이상 절뚝거리지 않게 되었다.

며칠 후, 형제들은 노새를 타고 사냥을 떠나기로 했다. 그들은 활과 화살통을 챙겨 새벽녘에 울창한 숲을 향해 길을 나섰다. 그 숲은 사냥감이 풍부한 곳이었다. 그런데 갑자기 노새들이 날뛰며 형제들을 땅바닥으로 떨어뜨렸다. 노새들은 무언가 위험을 느끼고 사나워졌다.

그 순간, 그들 위로 거대한 그림자가 드리웠다. 숲의 주인인 '테리엘'이 나타난 것이다. 그녀는 침입자를 잡아먹는 식인귀로, 하도 커 멀리까지 내다볼 수 있었다. 테리엘은 일곱 형제와 노새를 잡아 자신의 동굴로 끌고 갔다. 동굴 안에는 그녀의 자식인 어린 식인귀들이 모여, 신선한 인간 고기를 기다리고 있었다.

테리엘은 먹잇감이 겁에 질려 긴장하지 않게 하려고 맛있는 쿠스쿠스를 내놓았다. 그녀의 딸들이 준비한 음식이었다. 그러나 아아마르 네프스는 함정을 알아차리고 입에도 대지 않았다. 음식에는 깊은 잠에 빠뜨리는 약초가 섞여 있었다. 그날 밤, 테리엘은 자식들과 함께 노새 두 마리를 잡아먹었다. 나머지 노새들과 형제들은 천천히 먹을 생각이었다. 아아마르는 잠든 척하며 밤새 도망칠 방법을 궁리했다. 자신의 작은 몸이면 혼자 빠져나갈 수 있었지만, 그는 형들도 구하고 싶었다.

이튿날 아침, 테리엘이 이웃 식인귀를 만나러 나간 틈에, 아아마르는 단검으로 잠들어 있는 테리엘의 자식들을 모두 베어 죽였다. 그리고 나무 그릇으로 찬물을 떠서 형들의 얼굴에 끼얹어 깨웠다. 여섯 형제는 그제야 정신을 차렸고, 남은 노새를 끌고 함께 도망쳤다. 그러나 숲을 벗어나기 전까지는 안심할 수 없었다. 아아마르는 이따금 땅에 귀를 대고 테리엘이 뒤쫓아오는지 확인했다. 잠시 후 그는 말했다.

"들켰다! 테리엘이 뒤쫓아오고 있어!"

그녀의 한걸음은 보통 사람의 열 걸음과 같아서, 금방 따라잡힐 판이었다. 결국, 테리엘은 형제들을 붙잡아 다시 동굴로 끌고 갔다. 하지만 아아마르는 끝내 붙잡히지 않고 도망쳐, 굵은 굴참나무 속 빈틈에 몸을 숨겼다.

이번엔 테리엘이 형제들을 쇠줄처럼 질긴 자신의 머리카락으로 묶어두었다. 그리고 밤이 되자 또다시 노새 한 마리를 잡아먹었다. 아아마르는 동굴 근처에 숨어 기다렸다가, 이튿날 테리엘이 밖으로 나가자 형들을 풀어주었다. 그리고 완벽한 복수를 위해 계획을 세웠다. 형들에게 장작을 잔뜩 모아 동굴 입구에 쌓아놓게 했다.

해질 무렵, 테리엘이 돌아와 동굴 안으로 들어간 순간 입구를 통나무로 막고 장작더미에 불을 붙였다. 그녀는 불길을 뚫고 나오려 했으나, 머리카락에 불이 옮겨붙어 비명을 질렀다. 마침내 테리엘은 불길 속에 쓰러져 서서히 재로 변했다.

테리엘을 물리친 뒤, 형제들은 목숨을 구해준 아아마르 네프스에게 감사하며 기쁜 마음으로 집으로 돌아왔다. 그날 이후로 아무도 아아마르의 키를 두고 놀리지 않았으며, 그는 집안의 영웅이 되었다.

영리한 아들과 어리석은 아들

카빌리 산골에 노부부가 살고 있었다. 그들에게는 아들 둘이 있었는데, 하나는 영리했고, 다른 하나는 어리석었다. 그렇지. 가족이란 가끔 이렇게 태생부터 다를 때가 있다.

어느 날, 늙은 아버지가 아들들에게 말했다.

"얘들아, 우린 이제 늙고 지쳤단다. 이제 너희가 우리를 좀 도와줄 때가 됐다. 내일은 우리 대신 밭을 갈아다오."

다음 날 아침, 아버지는 아들들에게 괭이 두 자루를 주었다. 어머니는 점심 도시락으로 올리브와 빵 한 조각을 넣은 주머니를 챙겨 주었다. 밭까지 가는 길은 멀었고 날씨는 너무나 좋았다. 그래서 형제는 가는 길 내내 숨바꼭질을 하며 놀았고, 둥지를 찾아 나무에도 기어올랐다. 놀다 보니 배가 고파졌다. 형제는 길가에 앉아 올리브와 빵을 먹고 다시 길을 나섰다. 밭에 도착했을 땐 너무 더웠다. 그래서 형제는 올리브나무 그늘에 누워 한숨 푹 잤다. 눈을 뜨니 하루가 거의 다 지나갔다.

"아, 이제 일해 봐야 무슨 소용이람!"

그래서 그들은 장작 몇 개만 주워서 집으로 돌아갔다. 집에 도착하자, 아버지가 물었다.

"그래, 얘들아, 일은 잘했느냐?"

두 형제는 고개를 끄덕이며 "네!" 하고 대답했다. 그러자 아버지가 말했다.

"내일은 잠두콩과 완두콩을 심거라!"

다음 날 아침, 아버지는 잠두콩과 완두콩이 들어 있는 자루를 주었고, 늙은 어머니는 전날처럼 올리브와 빵이 든 주머니를 챙겨 주었다. 두 형제는 다시 길을 나섰다. 날씨는 또다시 너무 좋았다. 그들은 가는 길 내내 놀고, 또 나무에 올라 둥지를 뒤졌다. 놀다 보니 배가 고파져서 편안히 앉아 올리브와 빵을 모두 먹었다. 그런데도 여전히 배가 고팠다. 그래서 형제는 잠두콩과 완두콩을 한 움큼씩 꺼내 먹었다. 아, 너무 연하고 아삭해서 한 움큼 더! 그리고 또 한 움큼! 금세 자루는 텅 비어버렸다. 형제는 밭에 도착했지만, 날씨는 또다시 너무 더웠다. 그들은 올리브나무 그늘에 누워 또 낮잠을 잤다. 눈을 뜨니 하루가 거의 다 갔고, 심을 씨앗도 없었다. 그래서 장작 몇 개를 주워서 집으로 돌아왔다. 집에 오자 아버지가 물었다.

"그래, 오늘은 씨를 뿌렸느냐?"

두 형제는 그저 고개만 끄덕였다. 그러자 아버지가 말했다.

"내일은 물을 주거라!"

그렇게 시간이 흘렀다. 두 형제는 매일 밭에 갔지만, 한 번도 제대로 일하지 않았다. 겨울이 오자, 아버지는 가끔 밭에 가서 곡식이 잘 자라는지 살펴보라고 했다.

마침내 벌이 윙윙거리고, 새들이 노래하는 봄이 왔다! 근처 농부들은 밭에서 수확한 잠두콩과 완두콩을 바구니 가득 담아 시장에 팔러 갔다. 아버지가 말했다.

"내일은 너희도 수확하거라!"

다음 날 아침, 형제는 큰 바구니 두 개를 싣고 당나귀와 함께 길을 나섰다. 그런데 이번에는 길에서 놀지 않았다. 그럴 기분이 아니었기 때문이다. 밭에 일찍 도착하자, 영리한 아들이 말했다.

"어쩌지, 우리가 거둘 건 하나도 없는데?"

어리석은 아들이 대답했다.

"내가 들고 있는 이 깃털을 봐. 이걸 공중에 던질게. 깃털이 떨어지는 곳에서 수확하자."

그 아이가 깃털을 던졌다. 깃털은 바람을 타고 높이 날아올랐다. 두 아들은 당나귀를 데리고 깃털을 따라갔다. 작은 시냇물을 건너자, 깃털은 기가 막힌 들판 위에 내려앉았다. 그곳에는 온갖 꽃과 거대한 식물들이 가득했고, 한쪽 구석에는 커다란 잠두콩과 완두콩이 자라고 있었다. 그들은 당나귀를 나무에 묶어 두고 바구니를 채우기 시작했다. 하지만 그들이 모르는 것이 있었으니, 이 밭의 주인은 바로 여자 식인귀 테리엘이었다. 그녀는 나무 뒤에 숨어서 속으로 말했다.

'기다려라, 얘들아… 기다려라…'

그 사이에 그녀는 당나귀를 잡아먹어 버렸다. 그리고 형제가 두 개의 바구니를 콩으로 가득 채우자, 그녀가 불쑥 나타났다.

"자, 얘들아, 내 밭에서 뭘 하고 있는 거냐?"

두 아이는 테리엘을 알아보자 고개를 들지 못하고 덜덜 떨었다. 그러자 테리엘이 말했다.

“날이 저물었다. 이런 늦은 시간에는 집으로 갈 수 없으니, 오늘 밤은 우리 집에서 저녁을 먹고 자거라.”

그녀는 두 아이를 집 안으로 들였다. 그리고 어리석은 아들에게 물었다.

“너는 뭘 먹고 싶니? 밀 쿠스쿠스니, 아니면 재로 만든 쿠스쿠스니?”

어리석은 아들은 아무 생각 없이 말했다.

“밀 쿠스쿠스요!”

“그렇다면 너는 재로 만든 쿠스쿠스를 먹게 될 것이다.”

그리고 영리한 아들에게 물었다.

“그럼 얘야, 너는 뭘 먹고 싶으냐?”

영리한 아들이 대답했다.

“재로 만든 쿠스쿠스요.”

식사가 끝난 뒤, 그들은 잠자리에 들었다. 어리석은 아들은 금세 깊이 잠들었지만, 영리한 아들은 눈을 붙이지 않았다. 그 아이는 식인귀의 집에 한 번 들어온 자는 살아서 나간 적이 없다는 것을 알고 있었기에 어떻게 해야 할지 궁리하고 있었다. 그러다 좋은 꾀가 떠올랐다. 아이는 테리엘에게 가서 말했다.

“할머니, 저는 밤중에 가끔 깨어서 소란을 피우곤 해요. 저희를 이렇게 잘 맞아주신 할머니를 방해하고 싶지 않아요. 그러니 부디, 잠이 드셨다는 것을 제가 어떻게 알 수 있는지 알려 주세요."

식인귀 여인이 말했다.

"얘야, 그건 간단하지. 내 배 속에서 내가 먹은 동물이 모두 소리를 내기 시작하면, 그때 내가 잠든 줄 알거라."

영리한 아들은 자리로 돌아와 한쪽 눈만 뜬 채 누웠다. 그러다 테리엘의 배 속에서 당나귀가 울고, 그다음 소가 음메 하고, 양이 매애 하고, 닭 세 마리가 꼬꼬댁거리는 소리를 들었다. 그는 곤히 자고 있는 어리석은 형제를 깨웠다. 그리고 문을 열며 말했다.

"야, 문을 잘 챙겨."

어리석은 아들은 문을 떼어 등에 짊어졌다. 두 사람은 달리기 시작했다. 영리한 아들이 앞서고, 어리석은 아들이 숨을 헐떡이며 뒤따랐다. 그러다 영리한 아들이 가시덤불을 보고 말했다.

"가시 조심해."

어리석은 아들은 문을 내려놓고 가시덤불을 등에 졌다. 그리고 다시 달렸다. 조금 더 가자, 이번엔 큰 돌이 있었다.

"돌을 조심해."

어리석은 아들은 가시덤불을 내려놓고 돌을 등에 졌다. 그리고 더 나아가자 길을 가로막은 올리브나무가 보였다.

"나무 조심해."

어리석은 아들은 돌을 내려놓고 올리브나무를 뽑아 등에

졌다. 그러다 그들 앞에 건널 수 없을 만큼 깊은 강이 나타났다. 영리한 아들이 멈춰 서서 말했다.

"이제 어떻게 하지? 더 앞으로 나아갈 수가 없네."

그는 뒤를 돌아보다가 형제가 올리브나무를 등에 지고 있는 것을 보고 말했다.

"와, 너 정말 좋은 생각을 했구나!"

어리석은 아들은 올리브나무를 강가에 내려놓았다. 두 형제는 줄기를 타고 강물 위로 나아갔다. 물살에 떠밀려 멀리 멀리 흘러갔다. 얼마쯤 지났을까, 마침내 그들은 자기들이 살던 마을을 보게 되었다. 마을은 온통 불이 켜있고, 사람들이 여기저기서 외치고 있었다. 온 마을 사람들이 두 아이를 찾고 있었던 것이다. 마침내 마을 사람들은 두 아이를 알아보았다. 마을로 돌아오자 영리한 아들이 말했다.

"아버지, 어머니, 저희가 거짓말을 했어요."

그러자 늙은 어머니가 대답했다.

"아들아. 나 일고 있단다. 잠두콩이니 완두콩이니 하는 건 아무래도 좋다. 너희가 우리에게 무사히 돌아왔으니 그것으로 충분하단다…"

인내의 돌 씨앗,
네가 참는다고, 왜 우리까지 참아야 하지?

옛날 옛적에 어떤 아버지와 어머니가 살고 있었다. 그들에게는 아들 일곱과 며느리 일곱, 그리고 어린 딸 하나가 있었다. 이렇게 많은 가족이 함께 사는 집은 늘 행복으로 가득했다. 그러나 어느 날, 기이한 존재가 어린 딸 앞에 나타나 험악하고 깊게 울리는 목소리로 이렇게 말했다.

"두려움에 떨어라, 아이야. 곧 네 어머니와 아버지, 그리고 오빠들이 모두 죽게 될 것이다. 그리고 너의 일곱 올케는 친정으로 돌아가고, 너는 이 세상에 홀로 떠돌게 되리라."

어린 딸은 겁에 질려 온몸을 떨며 어머니에게 달려가 이 이상한 일을 모두 말하였다. 어머니는 딸을 다독이며 이렇게 말했다.

"그 흉측한 괴물이 한 예언 따위는 귀담아듣지 말아라. 아마도 우리를 시기하는 자일 거야. 만약 그놈이 다시 나타나 널 겁주거든, 우리 식구는 너무 많아서, 설령 우리를 모두 잡아 죽이려 해도, 써야 할 칼이 먼저 무뎌질 것이라고 말하렴."

그 말을 듣고 안심한 어린 딸은 잠자리에 들었다. 그러나 막 이불 속으로 파고들려는 순간, 괴물이 다시 나타나 말했다.

"두려움에 떨어라, 아이야. 내가 한 말을 기억하라."

그러자 아이는 어머니가 가르쳐 준 대로 대답하였다.

"그건 사실이 아니에요. 우리 식구는 너무 많아서, 설령 모두 잡아 죽이려 해도 칼이 먼저 무뎌질 것이라고 어머니께서 말씀하셨어요."

괴물은 더 흉포한 얼굴로 웃으며 이렇게 말했다.

"그래, 너희는 많다. 하지만 그게 무슨 상관이냐. 네 가족의 죽음은 칼로 이루어지지 않을 테니 말이다. 곧 알게 되리라…"

그 말이 끝나자 괴물은 연기 속으로 사라졌다. 그러나 그 날카로운 웃음소리만은 남아, 집 안의 벽마다 메아리쳤다. 그 순간 어린 딸은 두려움으로 몸이 굳었지만, 곧 어머니가 해준 위로를 떠올리며 몸을 웅크린 채 잠이 들었다.

며칠 뒤, 아버지가 알 수 없는 병으로 세상을 떠났다. 그 다음은 어머니였고, 곧이어 오빠들도 세상을 떠났다. 남편을 잃은 일곱 며느리는 더 이상 그 집에 있을 이유가 없어 각각 친정으로 돌아갔다. 어머니, 아버지, 그리고 일곱 형제의 보호를 받던 어린 딸은 이제 홀로 남게 되었다. 그녀는 흉측한 괴물의 예언을 떠올리며 생각했다.

"그놈이 옳았구나."

그리고는 집을 떠나, 운명을 향해 걸음을 옮겼다. 오래 가지 않아, 삼촌이 그녀를 거두어 말했다.

"이리 와서 우리 집에서 살거라. 너는 늘 풍요롭고 호사스럽게 살았으니 가난과 고통을 견딜 수 없을 거야. 나와 함께라면 행복할 것이다."

그 말에 소녀는 기뻐서 견딜 수 없었다. 괴물의 예언처럼 가난의 고통을 겪지 않아도 된다고 생각했기 때문이다.

그러나 며칠 뒤, 삼촌이 외출한 사이 괴물이 다시 나타나 소녀를 괴롭혔다.

"내가 뭐라고 했더냐? 네 부모는 죽고, 너는 이 세상에 홀로 떠돌게 될 것이라 했지 않느냐?"

그러자 소녀는 대답했다.

"부모님은 돌아가셨지만, 신이 내려주신 은혜로 당신이 말한 것처럼 길 위를 떠도는 신세는 아니에요."

괴물은 비웃으며 말했다.

"두려움에 떨어라, 아이야. 네게 닥칠 일을 알았다면, 감히 그렇게 말할 순 없었을 게다."

그 말과 함께 괴물은 방 한구석에 있던 기름단지, 밀가루단지, 꿀단지를 향해 달려갔다. 괴물은 그것들을 몽둥이로 깨뜨리고 엎질렀다. 그리고 사라지기 전, 그 몽둥이를 소녀의 손에 쥐여 주었다. 소녀는 겁에 질려 그 자리에서 말을 잃었다. 마침내 삼촌이 돌아와 집안이 엉망이 된 것을 보았다. 그리고는 소녀의 손에 몽둥이가 쥐어져 있는 것을 발견하자 캐물었다.

"이게 나를 위한 보답이냐, 은혜도 모르는 것아?"

말을 할 수 없게 된 소녀는 아무 대답도 못 했고, 삼촌은 그 침묵이 죄를 자백하는 것이라고 여겼다. 그는 몽둥이를 빼앗아 분이 풀릴 때까지 소녀를 때린 다음 이렇게 소리쳤다.

"내 집에서 썩 꺼져라! 네 부모를 데려간 운명이 옳았다."

그리하여 소녀는 다시 길 위로 내몰렸다. 얼마 지나지 않아 또 다른 삼촌이 그녀를 거두었다.

"이리 오너라, 조카야. 네 숙모와 나는 너를 기꺼이 맞이할 것이다. 네가 늘 기쁨과 즐거움 속에서 살았으니, 슬픔은 견디지 못할 것이다."

삼촌 부부에게는 아기가 있었고, 소녀는 그들이 집을 비울 때마다 아기를 돌보았다. 그러던 어느 날, 삼촌 부부가 외출한 틈을 타 괴물이 다시 나타나 말했다.

"내가 또 왔다. 내 예언이 완전히 이루어질 때까지 너를 한시도 편히 두지 않을 것이다."

그리고 그는 아기가 있는 요람으로 다가가, 아기를 들어 올린 뒤 큰 칼로 목을 베었다. 그는 사라지기 전, 피 묻은 칼을 소녀의 손에 쥐여 주었다. 소녀는 공포에 질려 아무것도 할 수 없었고, 그저 벌어진 광경을 바라볼 뿐이었다. 삼촌과 숙모가 돌아왔을 때, 그들은 끔찍한 광경과 손에 칼을 쥔 조카딸을 보았다. 그들은 즉시 소녀를 때리고 내쫓았다. 소녀가 범인이라 믿었기 때문이다.

"우리 집에서 썩 나가거라, 배은망덕한 것아. 운명이 네 부모를 앗아간 것은 잘된 일이다. 너 같은 괴물은 그에 맞는 벌을 받아야 마땅하다."

삼촌은 소녀가 문턱을 넘어설 때까지 이렇게 퍼부으며 쫓아냈다. 소녀는 긴 여정으로 닳아빠진 낡은 신발을 신고 있었고, 입고 있던 옷은 매질로 찢겨 있었다.

이번에 소녀는 아주 오래 걸었다. 아무리 힘들게 걸어도 어린 사촌 동생이 목이 베어 죽어간 장면은 머릿속에서 떠나지 않았다. 부모의 죽음은 이제 잊을 수 있었으나, 괴물의 손에서 몸부림치던 아기의 모습만큼은 결코 잊을 수 없었다.

그렇게 길을 걷던 소녀는 마침내 크고 화려한 궁궐이 보이는 곳에 다다랐다. 소녀는 구석에 웅크리고 앉아, 부모가 살아계실 때 살던 집과 닮은 아름다운 궁궐을 바라보았다. 그때, 궁궐의 큰 문이 열리더니 왕이 나타났다. 왕은 평소에도 모스크에 기도하러 나가고는 했다. 왕은 고아 소녀를 발견하고 말을 걸었다.

"여봐라, 얘야. 왜 숨어있는 것이냐? 이리 오너라, 두려워하지 말아라."

소녀는 왕에게 다가갔다. 두렵지는 않았다. 이 나라의 왕이 용감하고 관대하다는 말을 들은 기억이 떠올랐기 때문이다.

"너는 누구냐? 무엇을 찾고 있는 것이냐?"

왕은 소녀의 경계심을 풀어주기 위해 최대한 부드럽고 편안한 어조로 물었다. 왕이 여러 번 물었으나, 소녀는 대답하지 않았다. 첫째 삼촌의 집에서 괴물이 기름, 밀가루, 꿀단지를 부수던 날 이후로 말을 할 수 없게 되었기 때문이다.

왕은 떠돌이 벙어리 소녀를 측은히 여겨, 궁으로 데려와 마음껏 먹게 하였다. 때마침 그날, 왕은 아들의 결혼식을 준비하며 궁 안의 모든 신하와 시종들에게 원하는 것을 한 가지씩 말하라고 하였다. 왕은 무엇이든 들어주겠다고 약속하였다. 모두의 바람을 들은 뒤, 왕은 소녀에게 물었다.

"네가 말을 못 한다는 것은 안다. 그러나 손짓으로도 말할 수 있지 않느냐?"

그러나 소녀는 고개를 저으며 아무것도 원치 않으며, 그저 큰 은혜에 감사드린다고 몸짓으로 전했다. 그녀는 왕에게 인사를 하고, 왕이 마련해 준 방으로 들어갔다. 문을 닫자마자, 괴물이 다시 나타났다. 이번에는 차분하고 심지어 조금은 부드러운 어조로 말했다.

"들어라, 아이야. 너는 이미 충분히 고생하였다. 이번에는 너를 돕기 위해 왔다. 내가 증거를 보여주마. 지금 네가 다시 말을 할 수 있게 해주겠다."

소녀는 바로 말을 할 수 있게 되었다. 그녀가 입을 열어 한 첫마디는 감사의 말이 아니라, 단호한 비난이었다.

"나는 부모님의 죽음은 잊을 수 있었으나, 당신이 요람에서 데려간 그 아기만은 잊을 수 없어. 그것은 결코 용서할 수 없는 죄악이야."

괴물은 그녀의 말을 끊고 말했다.

"나를 심판하지 말고, 내가 하는 말을 들어라. 그러면 네 불행은 끝날 것이다. 왕에게 가서 '인내의 돌 씨앗, 네가 참는다고, 왜 우리까지 참아야 하지?'를 사 달라고 청하거라."

괴물은 그 말을 마치자마자 올 때와 같이 홀연히 사라졌다. 소녀는 왕에게 가서 그대로 청하였다. 왕은 그녀가 갑자기 말을 하게 된 데 놀란 데다, 그 이상한 이름을 듣자 얼굴이 굳었다.

“그건 독약이 아닌가? 그것으로 무엇을 하려는 것이냐?”

“그저 그것이 갖고 싶을 뿐입니다.”

왕은 거절하려 했으나, 자신의 궁에 머무는 자들의 소원은 무엇이든 들어주겠다고 맹세했던 것을 떠올렸다. 결국, 왕은 직접 가게로 가서 독약을 샀다. 상인은 왕에게 경고하였다.

“이것을 요청한 사람은 분명히 심한 고통을 겪은 사람일 것입니다. 아마 생을 마감하려는 것이니, 그의 행동을 주의 깊게 지켜보셔야 합니다.”

왕은 돌아와 독약을 소녀에게 건네주었다. 소녀는 그것을 손에 꼭 쥐었다. 그리고 방에 들어가 문을 잠그고 침대에 앉아 말을 시작했다. 처음으로 괴물을 만난 날부터 지금까지 일어난 모든 일을 차근차근 이야기했다. 불행한 과거를 모두 이야기한 후, 소녀는 독약을 삼키려 했다. 그 순간, 방 안에 숨어있던 왕이 뛰쳐나와 소녀의 손에서 독약을 빼앗았다.

“무슨 짓을 하려는 것이냐, 불쌍한 아이야!”

왕은 눈시울을 붉히며 말했다.

“네 이야기를 전부 들었다. 이제야 네가 누구인지 알겠다. 너는 내 오랜 친구의 딸이다. 그 친구는 불행히도 가족과 함께 갑작스레 세상을 떠났지. 나는 그 우정을 기려 아들이 맞이할 예정이던 신부를 오지 않도록 할 것이다. 그 자리에는 네가 서서 내 아들과 혼인하게 될 것이야."

그리하여 소녀는 왕자의 아내가 되었고, 마침내 행복하게 살게 되었다.

마법의 씨앗

옛날 옛적에 일곱 아들을 둔 남자가 있었다. 어느 날, 아내가 여덟 번째 아이를 가졌다. 일곱 형제는 마을 샘가에 모여 서로의 머리를 깎아 주다가 이 소식을 들었다. 형제들은 이렇게 맹세했다.

"어머니가 여덟째로 아들을 낳으시면, 우린 이 항아리를 이마로 깨뜨리고 고향을 떠나 다른 나라로 가자. 하지만 만약 여동생을 낳으시면, 성대한 잔치를 열자!"

아버지는 아들들의 결심을 듣고 말했다.

"얘들아, 나도 너희 생각이 옳다고 본다."

그런데 마침 근처를 지나던 심술궂은 노파가 이 대화를 엿들었다.

몇 달 뒤, 어머니는 딸을 낳았다. 그런데 이 소식을 제일 먼저 들은 사람은 바로 그 노파였다. 노파는 곧장 형제들에게 달려가 말했다.

"너희 어머니가 아들을 낳았다. 여덟째 동생 말이다!"

형제들은 실망하며 물었다.

"정말 딸이 아닌 것이 확실해요?"

"내가 직접 봤다니까! 아들이 맞아!"

노파가 대답했다. 노파의 말을 믿은 형제들은 말을 타고 마을을 떠나 머나먼 타국으로 향했다. 도착한 그곳에서 형제들은 밭과 가축을 사서 새 삶을 꾸렸다.

세월이 흘러, 막내 여동생은 어느새 열네 살이 되어 아름다운 소녀로 자랐다. 소녀는 자신이 외동딸인 줄만 알고 있었다. 그러던 어느 날, 놀다가 만나게 된 그 심술궂은 노파가 비아냥대며 말했다.

"그렇게 즐거워하다니! 부끄럽지도 않니? 너 때문에 네 일곱 오라버니가 쫓겨났는데 말이야!"

뜻밖의 말을 듣고 소녀는 울면서 집으로 달려가 어머니 품에 안겼다. 어머니가 물었다.

"무슨 일이냐?"

"방금, 저에게 오라버니들이 일곱이나 있다고 들었어요! 그런데 왜 한 번도 말씀 안 하셨어요? 오빠들은 지금 어디 있어요?"

어머니는 결국 진실을 털어놓았다. 일곱 형제가 노파의 거짓말에 속아 먼 곳에 떠나 살게 되었다는 이야기였다. 그러자 소녀는 결심했다.

"꼭 오라버니들을 찾아서 우리랑 함께 살자고 해야지!"

곧 여행 준비가 시작됐다. 소녀는 여행에 필요한 먹을거리를 챙기고 노새에 안장을 얹은 뒤, 검은 피부의 하녀에게 같이 가자고 했다. 그리고 주머니 속에 마법의 씨앗을 넣었다. 그렇게 부모와 작별한 소녀는 노새에 올라 하녀와 함께 길을 나섰다. 한참을 걷자, 하녀가 지쳐 말했다.

"아가씨, 제발 노새에 태워주세요. 다리가 너무 아파요."

소녀는 큰소리로 외쳤다.

“아버지! 어머니! 하녀가 제 자리를 빼앗으려 해요!”

그러자 마법의 씨앗이 대답했다.

“계속 가거라! 두려워 말아라!”

소녀는 하녀의 하소연을 무시하고 길을 재촉했다.

저녁 무렵, 둘은 두 개의 연못이 있는 샘터에 도착했다. 한쪽 연못에서는 흰 피부의 여자가 몸을 씻으면 검은 피부로 변했고, 다른 쪽 연못에서는 검은 피부의 여자가 목욕하면 흰 피부로 변했다. 소녀는 씨앗을 연못가에 내려놓고 목욕을 했다. 그런데 자신도 모르게 흰 피부를 검게 바꾸는 연못에 들어갔다. 순식간에 소녀의 피부는 까맣게 변했다. 반대로 하녀는 검은 피부를 흰 피부로 바꾸는 연못에 들어가 눈부시게 하얀 피부를 갖게 됐다. 그들은 샘터 근처에서 하룻밤을 묵기로 했다.

다음 날 아침, 피부색이 변한 소녀는 노새를 타고, 이제는 흰 피부가 된 하녀가 그 뒤를 걸었다. 그런데 서둘러 떠나느라 소녀는 마법의 씨앗을 연못가에 그대로 두고 왔다. 한참을 가다가 하녀가 다시 부탁했다.

“제발 노새에 태워주세요. 너무 피곤해요.”

소녀는 또 외쳤다.

“아버지! 어머니! 하녀가 제 자리를 빼앗으려 해요!”

그러자 희미한 목소리가 들렸다.

“계속 가라! 두려워하지 마라!”

그녀는 하녀의 간청을 무시하고 길을 계속 걸어갔다. 조금 더 나아가자 하녀가 다시 피로를 호소하기 시작했다. 소녀는 멈춰서 아버지를 부르며 도움을 요청했다. 하지만 샘가에서 잃어버린 마법의 씨앗이 이미 너무 멀리 떨어져 있었기 때문에, 소녀가 간절히 기다리던 대답은 거의 들리지 않았다. 어디에선가 하녀에게 자리를 양보하라고 하는 소리가 들리는 것 같아, 소녀는 노새에서 내려 하녀에게 자리를 내주었다. 두 소녀는 다시 길을 갔다. 이제 하녀가 노새를 타고, 소녀는 걸어서 뒤를 따르게 되었다.

그날 저녁, 마침내 그들은 일곱 오라버니의 집에 도착했다. 노새에서 내린 하녀는 당당하게 말했다.

"저는 여러분의 동생입니다. 오빠들을 보러 왔어요. 검은 피부의 이 아이는 제 하녀예요. 낙타를 돌보게 하시면 됩니다."

일곱 형제는 놀라면서도, 자신들이 노파의 거짓말에 속았고 사실은 여동생이 생겼다는 사실을 알고 기뻐했다. 그들은 여동생을 위해 푸짐한 저녁을 차렸지만, 진짜 여동생인 소녀는 마구간에 머물게 했다.

다음 날 아침, 일곱 형제는 소녀에게 딱딱하게 굳은 검은 빵 한 조각을 건네주며, 일곱 마리의 낙타를 들판으로 데리고 가 풀을 뜯게 하라고 시켰다. 그 낙타 중에는 귀가 먹은 낙타 한 마리가 있었다.

검은 피부가 된 소녀는 오빠들이 시키는 대로 낙타를 들판으로 몰고 갔다. 소녀는 도착하자마자 바위 위에 올라가 그 옆에 검은 빵 조각을 내려놓고는 애절한 노래를 부르기 시작했다.

"오 바위여, 이 빵을 받아서 높이 솟아올라라!
솟아올라라, 바위여, 내 부모님의 땅이 보이게 해 다오!
흑인 소녀는 하얗게 변하고, 백인 소녀는 검게 변해,
제 형제들의 낙타를 돌보는 비참한 흑인 소녀가 되어버렸네!"

그러자 바위가 점점 높이 솟아올라, 소녀는 마침내 멀리 부모님이 사는 고장을 바라볼 수 있게 되었다. 그녀의 슬픈 기도를 들은 낙타들도 함께 울기 시작했다. 낙타들은 슬픔에 목이 메어 먹이를 거부했다. 하지만 일곱 번째, 귀먹은 낙타만은 풀밭에서 고개를 들지도 않고 아침부터 저녁까지 평화롭게 풀을 뜯었다. 귀머거리 낙타가 점점 살이 오르는 동안, 다른 낙타들은 눈에 띄게 말라 갔다.

이렇게 30일이 흘렀다. 형제들은 무언가 이상하다는 것을 깨닫고 모여서 의논했다.

"무슨 일이 있나 봐! 낙타들이 점점 더 말라가고 있잖아!"
그러자 막내가 나섰다.

"내일은 내가 몰래 저 흑인 목동을 따라가서, 우리 낙타한테 무슨 짓을 하는지 확인해볼게."

다음 날 아침, 평소처럼 검은 빵 한 조각을 받은 검은 피부의 소녀는 낙타들을 몰아 들판으로 나갔다. 막내는 소녀를 몰래 따라갔다. 들판에 도착하자, 막내는 소녀가 바위 위에 검은 빵을 내려놓고 앉아 슬픈 노래를 부르는 것을 보았다. 이어 바위가 솟아오르는 것도, 여섯 마리 낙타가 풀뜯기를 멈추고 눈물을 흘리며 그녀와 함께 우는 것도 보았다. 막내는 참지 못하고 숨어있던 곳에서 나와 소녀에게 다가갔다.

"모두 말해줘! 너는 우리 누이냐, 아니면 흑인 하녀냐?"

소녀는 머리에 쓰고 있던 스카프를 벗었다. 아름답고 긴 비단결 같은 머리카락이 땅까지 흘러내렸다.

"흑인에게 이런 머리카락이 있을 것 같아요?"

그녀는 자신의 피부와 하녀의 피부가 기적의 샘물에서 목욕한 후 뒤바뀐 사연과 어떻게 이런 처지가 되었는지를 이야기했다.

"자, 나와 함께 집으로 가자. 형들에게 모두 알려야 해."

막내는 다른 형제들에게 이 사실을 전했다. 다음 날, 형제 중 한 명이 인근 시장에 가서 빗, 손거울, 그리고 신선한 콩을 사 왔다. 그리고는 형제들과 함께 피부가 하얀 흑인 하녀와 피부가 검은 목동 소녀를 불러 시장에서 사 온 물건들을 보여주었다. 피부가 하얀 하녀는 빗과 거울에는 관심도 두지 않고 콩부터 집어 허겁지겁 먹기 시작했다. 반면 피부가 검은 소녀는 빗을 집어 스카프를 벗고 긴 머리카락을 어깨 위로 흘러내리게 한 뒤, 거울을 보며 정성스럽게 머리를 빗었다. 형제들은 피부가 하얀 하녀가 콩을 다 먹을 때까지 기다렸다가 말했다.

"네 차례다! 머리를 빗어라."

그러자 그녀는 스카프를 벗었다. 곱슬곱슬한 그녀의 머리카락은 양털처럼 위로 치솟아 있었다. 이 모습을 본 형제들은 목동 소녀가 한 말이 사실임을 깨닫고 결정했다.

"저 아이들이 목욕했던 두 개의 연못이 있는 샘으로 가자. 거기서 잃어버린 마법의 씨앗도 찾아야 해."

형제들은 두 소녀를 데리고 기적의 샘으로 향했다. 형제들은 그곳에서 피부가 하얀 하녀를 검은 피부가 되는 연못에, 피부가 검은 목동 소녀를 흰 피부가 되는 연못에 각각 들어가게 했다. 목욕을 마친 후, 두 소녀는 각자의 원래 피부색을 되찾았다. 그러자 다시 백인 소녀가 된 일곱 형제의 누이는 연못 가장자리로 달려가, 그곳에서 잃어버린 마법의 씨앗을 집어 들고 외쳤다.

"오, 아버지! 오, 어머니! 흑인 여자애가 제 자리를 빼앗으려 해요!"

마법의 씨앗은 곧바로 대답했다.

"가라, 두려워 말고 계속해라!"

이 장면을 지켜본 일곱 형제는 기뻐하며 누이를 에워싸 안았다.

"이제야 네가 정말 우리 누이라는 걸 알겠다!"

그 후 형제들은 누이와 하녀를 데리고 집으로 돌아왔다. 그들은 누이인 척했던 하녀를 벌주고 죽이려 했지만, 누이가 말렸다.

"아무것도 하지 마세요! 그 애가 벌을 받아야 한다면, 다른 이들이 하게 두세요!"

그러자 형제들이 말했다.

"그렇다면 그 애를 숲으로 데려가 나무에 묶어두고 운명에 맡기자. 그러면 짐승들에게 산 채로 잡아먹힐 수도 있겠지!"

그들은 계획대로 죄지은 하녀를 깊은 숲속 나무에 묶어두었다. 그녀는 꼬박 하루를 그곳에서 보내야 했다. 다음 날, 막내는 이른 아침에 하녀가 어떻게 되었는지 보려고 숲으로 갔다. 그런데 놀랍게도 그녀는 여전히 살아 있었고, 나무에 묶인 채로 사자 무리에 둘러싸여 있었다. 사자들은 사납게 으르렁거렸지만, 그녀를 해치지는 않았다. 그러나 막내를 보자마자 달려들어 사자 굴로 물고 갔다. 하지만 막내는 겁을 내지 않았고, 사자들도 그를 해치지 않았다.

한편, 막내가 돌아오지 않자 나머지 여섯 형제는 걱정되어 그를 찾으러 나섰다. 그들은 하녀가 묶여 있는 장소를 발견하고, 그녀가 아직 살아 있는 것을 보고 놀랐다. 그녀는 형제들에게 사자들이 막내를 잡아간 길을 알려주었다. 잠시 후, 여섯 형제는 사자 굴 앞에 도착했다. 그때 사자들이 사방에서 튀어나와 짧지만 치열한 싸움이 벌어졌다. 그 과정에서 형제 두 명이 죽었다. 나머지 네 명은 용감하게 맞섰지만, 사자들에게 붙잡혀 깊숙한 굴속으로 끌려갔다.

형제들이 돌아오지 않자, 누이는 걱정이 되어 직접 나섰다. 소녀는 숲으로 가서, 여전히 나무에 묶여 있는 하녀를 발견했다. 소녀는 하녀를 풀어주었고, 하녀는 형제들의 상황을 설명해주었다. 두 소녀는 형제들의 집으로 돌아왔다. 그들은 소 한 마리를 잡아 가죽을 벗기고, 고기를 토막 내어 모두 독을 발랐다. 그리고 그것을 숲으로 가져갔다. 사자들은 굴에서 나와 신선한 고기를 탐욕스럽게 먹었고, 곧 하나둘씩 중독되어 쓰러져 죽었다. 소녀와 하녀는 굴속에서 막내와 살아 있는 네 형제를 구해냈다. 그 후, 두 소녀와 다섯 형제는 무사히 형제들의 집으로 돌아왔다. 이후 누이는 형제들과 함께 부모님 댁으로 돌아가기로 했고, 하녀는 홀로 남았다.

오랜 여정을 거쳐 마침내 고향에 도착해 가족이 모두 모였다. 그 후 가족은 사자들에게 잡아먹힌 두 형제를 기리며 두 해 동안 애도했다.

잊혀진 무덤

옛날 어떤 나라에 두 형제가 살고 있었다. 한 사람은 부자였고, 다른 한 사람은 저녁 한 끼도 먹기 어려운 가난뱅이였다. 어느 날, 마을의 현자들이 부자인 형을 찾아가 물었다.

"왜 동생을 돕지 않소? 그는 아무것도 가진 게 없는데, 당신은 큰 재산을 가졌잖소."

시간이 흘러 이슬람 명절인 '아이드 축제'가 다가왔다. 부자는 하녀를 불러 말했다.

"양 한 마리와 밀가루 한 부대, 버터 한 단지를 가져다가 '잊혀진 무덤'에 두어라."

하녀는 밀가루와 버터를 당나귀에 싣고, 양의 목에 밧줄을 매단 뒤 출발했다. 가는 길 내내 잊혀진 무덤을 어떻게 알아볼 수 있을까 궁리했다. 그녀는 묘지에 도착해 가장 허물어진 무덤 하나를 발견하더니, 그곳에 양을 묶고 밀가루와 버터 단지를 내려놓았다. 그리고 주인집으로 돌아왔다.

"내가 시킨 일은 잘했느냐?"

"네, 주인님."

또 시간이 흘렀다. 마을 사람들이 가난한 동생을 찾아와 물었다.

"형이 자네에게 무언가 자비를 베풀었나?"

"아니오."

사람들은 부자 형에게 돌아가 인색함을 꾸짖었다. 형은

놀라며 말했다.

"아니, 내가 분명 아이드 축제를 위해 먹을 것을 보냈는데! 분명히 하녀 짓이구나. 그 계집애를 불러오너라."

하녀가 오자 형이 물었다.

"내가 맡긴 음식을 어디에 두었느냐?"

"잊혀진 무덤에 두라고 하셔서, 묘지 중에서 가장 황량한 무덤 위에 두고 왔습니다."

이 말을 들은 가난한 동생은 벌떡 일어나 맹세했다.

"맙소사, 잊혀진 무덤보다 못한 이곳에 더는 머물지 않겠다. 운명이 내게 미소 지을 때 돌아오겠다."

그는 집으로 돌아가 아내에게 말했다.

"길을 나서도록 준비해주오. 내일 떠나겠소. 살아남으면 다행이고, 죽는다면 그게 내 팔자인 게지."

다음 날 새벽, 그는 길을 나섰다. 오래 걸은 끝에 해가 서쪽으로 기울 무렵, 앞쪽에서 연기가 피어오르는 것이 보였다.

"저 집으로 가야겠다. 만약 식인귀가 산다면 잡아먹히겠지. 사람이라면 먹을 것과 하룻밤 묵을 자리를 얻을 수 있겠지."

집에 가까이 다가가자, 까마귀 한 마리가 날아와 물었다.

"어디로 가는 길이냐?"

가난한 사내가 집을 가리키자 까마귀가 말했다.

"이런 불쌍한 사람 같으니! 저곳에는 식인귀 마흔 명이 살고 있어. 하지만 살 방법을 가르쳐주지. 저 집에 들어갈 때는 '문아, 신의 은총으로 열려라'라고 말하게. 나올 때는 '문아, 신의 은총으로 닫혀라'라고 말하면 돼."

그는 문 앞에 서서 까마귀가 알려준 대로 주문을 외웠다. 그러자 문이 열렸고, 그는 넓은 방 안으로 들어갔다. 그곳에는 접시마다 쿠스쿠스와 고기, 그리고 물 항아리가 나란히 마흔 벌이나 차려져 있었다. 그는 각 접시에서 쿠스쿠스를 한 숟가락씩 먹고, 고기도 한 입씩 뜯어 먹은 뒤, 항아리마다 물을 한 모금씩 마셨다. 입을 닦고 나니 구석에 금화가 산더미처럼 쌓여 있는 것이 보였다. 그는 금화 몇 움큼을 모자 속에 담고, 다시 주문을 외워 문을 열고 나왔다. 그다음, '문아, 신의 은총으로 닫혀라' 하자 문이 무겁게 닫혔다.

그는 집으로 돌아와 아내에게 큰 나무 쟁반을 가져오게 했다. 그 위에 금화를 쏟아놓자, 아이들이 기쁨에 겨워 소리치며 물었다.

"아버지, 이 많은 돈이 어디서 났어요?"

"알라께서 우리를 불쌍히 여기신 거다."

가난한 사내는 딸을 시켜 형 집에 가서 곡물의 양을 재는 되를 빌려오게 했다. 형과 형수는 의아했다.

"저런 거지 주제에 뭘 재려는 거지?"

형 부부는 빌려주는 되의 바닥에 송진을 살짝 발라서 보냈다. 가난한 사내가 금화를 잴 때, 금화 하나가 바닥에 달라붙었다. 형은 돌려받은 되에서 금화를 발견하고 중얼거렸다.

"이놈이 이렇게 큰 재산을 가지고 있었단 말이냐? 내일 두고 보자."

다음 날, 형은 동생을 찾아가 말했다.

"형제여, 어머니의 아들이여, 수염이 얼굴을 다 덮었구나. 어찌 이리도 초라한 몰골이냐? 나랑 가세, 내가 깔끔하게 면도해 주지. 선을 행하는 사람은 남의 의견을 묻지 않는 법이지. 가자. 저기 저 들판, 햇볕 잘 드는 곳이 더 좋겠군."

한적한 곳에 다다르자, 형이 동생에게 말했다.

"머리를 내 무릎에 얹어라."

그러더니 갑자기 면도칼을 들고 위협했다.

"그 금이 어디서 났는지 말하지 않으면 네 목을 베겠다."

"형님, 어머니의 아들이여, 제 아이들을 고아로 만들지 말고 저를 죽이지 마십시오. 다 말씀드리겠습니다."

그는 자신이 겪은 일을 이야기하고 덧붙였다.

"만약 형님이 거기에 가신다면, 접시마다 조금씩만 드시고, 항아리마다 한 모금씩만 마시세요. 금화 더미에서 신께서 허락하신 만큼만 갖고, 나올 때는 반드시 문을 닫는 주문을 잊지 마십시오."

부자는 아내에게 말했다.

"길을 떠날 때 가져갈 음식을 좀 준비해 주시오. 내일 떠날 거요."

그는 동생이 말한 대로 했다. 그러나 식인귀의 집에 들어가자, 그는 접시 하나를 통째로 비우고, 고기 한 덩이를 통째로 먹고, 항아리 하나에 든 물을 전부 마셔버렸다. 그리고는 금화를 자루에 한가득 담아 간신히 문 쪽으로 끌고 갔다. 그는 문을 여는 주문을 외웠다. 하지만 문은 열리지 않았다. 몇 번이고 '문아, 신의 은총으로 열려라!'하고 외쳤지만, 나무로 된 무거운 문은 꿈쩍도 하지 않았다. 곧 밤이 되었고, 사십 명의 식인귀들이 돌아오는 요란한 소리가 들려왔다. 그는 급히 숨을 곳을 찾다가, 식인귀들이 잡아먹은 당나귀의 가죽 더미를 발견했다. 그는 그중 하나를 뒤집어 쓰고, 나머지 가죽들을 자기 주위에 쌓아 숨었다.

식인귀들이 으르렁거리며 들어왔다가 한 명의 식사를 찾지 못하자 서로 싸우기 시작했다. 그들은 킁킁 냄새를 맡으며 으르렁거렸다.

"인간 냄새가 난다! 병사와 무기 냄새다! 인간이 우리 집 안에 있다!"

그들은 샅샅이 뒤졌지만 헛수고였다. 그러자 불에 달군 쇠꼬챙이로 당나귀 가죽 더미를 찔러보았다. 마침내 형이 꼬챙이에 찔려 비명을 질렀다. 식인귀들은 달려들어 그를 잡아먹고 머리만 남겼다.

다음 날, 식인귀들은 집을 떠나며 부자 형의 머리와 망토를 문 앞에 걸어두었다. 동생은 형이 돌아오지 않자, 그를 찾으러 나섰다. 식인귀의 집 앞에 이르러, 피가 뚝뚝 떨어지는 형의 머리와 망토를 보고 동생이 말했다.

"형이 무사히 돌아오지 못하고 잡아먹힐 걸 알고 있었지."

그는 형의 머리와 옷을 수습해 집으로 돌아가기 시작했다. 걸어가는 동안 머리에서 피가 한 방울씩 떨어졌고, 뒤에서 종달새가 핏자국에 흙을 뿌려 흔적을 감췄다. 집 근처에 이르렀을 때, 종달새가 그의 발 사이를 날아가며 지나갔다. 그는 새를 쫓으며 말했다.

"저리 꺼져! 내가 너한테 이렇게 은혜를 베풀었는데 그 보답이 이거냐?"

그러자 종달새는 되돌아가며 핏자국을 다시 드러냈다.

그날 밤, 식인귀들이 집에 돌아와 머리와 망토가 없어진 것을 발견했다. 그들은 각자 다른 모습으로 변신했다. 어떤 이는 말로, 어떤 이는 상인으로, 또 어떤 이는 기름이 든 가죽 부대로 변했다. 그리고 핏자국을 따라가 동생의 집을 찾아냈다. 밤이 깊어지자 그들은 문을 두드렸다. 동생이 물었다.

"누구요?"

"신께서 보낸 손님입니다. 하룻밤만 재워 주십시오."

집주인인 동생은 그들을 들였다. 그는 마당 한쪽에 말을 묶고, 다른 쪽에 자리를 깔아 남자들을 재웠으며, 기름부대는 하녀가 자는 방 근처에 두었다.

이른 새벽, 하녀가 일어나 하루 먹을 양의 곡식을 맷돌에 갈기 시작했다. 그러던 중 등잔의 기름이 다 떨어져, 기름부대에서 조금 가져오려 했다. 하지만 손을 댈 때마다 기름부대가 껑충 뛰며 멀리 도망갔다. 그러자 하녀는 맷돌을 돌리며 노래를 부르기 시작했다.

"'라라'와 '시디'는 잠이 들었네. 신께서 그들의 목소리도 재우시길!"

물통이 통통 튀며 움직였다. 하녀는 그럴수록 더 아름답게 노래를 불렀고, 그 소리에 아내가 깨어나 남편을 흔들어 깨웠다. 남편은 하녀에게 가서 물었다.

"얘야, 이른 아침부터 왜 그렇게 노래를 부르느냐?"

하녀는 자신이 본 것을 그대로 이야기했다.

"그건 식인귀들이야."

그는 이렇게 말하더니 장남을 깨우고 큰 불을 피웠다. 그리고 아직 자고 있던 식인귀들을 가죽 부대 째 불 속에 던져 넣었다. 그는 묶여 있는 말도 불에 던지려 했지만, 아들이 간청했다.

"아버지, 이 암말이 얼마나 아름다운지 보세요! 제게 주세요!"

아버지가 그건 여자 식인귀라고 말했지만, 아들은 들으려 하지 않았다. 결국 아버지는 아들의 청을 들어주었다.

시간이 흘렀다. 마을 사람들은 양털을 사러 사하라로 가기로 했다. 아들은 함께 가도 되겠느냐고 아버지에게 물었다. 아버지는 허락했지만, 암말을 타고 가지 말라고 당부했다.

"그건 식인귀 혈통이라 널 잡아먹을 거다."

그러나 아들은 끝내 고집을 꺾지 않았다. 그 멋진 말 위에서 뽐내고 싶었기 때문이다. 길을 떠나기 전, 어머니가 물레와 삼 줄기를 건네주며 말했다.

"얘야, 만약 암말이 널 잡아먹으려 하거든 이 물레와 삼을 땅에 꽂고 이렇게 외쳐라. '어머니와 아버지의 나무야, 솟아올라라.' 그러면 하늘 높이 나무가 솟아올라 네 목숨을 구할 것이다."

드디어 마을 상단이 출발했다. 암말은 처음엔 앞서 달리다가 이내 멈췄다. 동행들이 따라잡았지만, 암말이 땅을 뒹굴며 일어나길 거부하는 바람에, 다른 일행들은 그냥 길을 계속 갔다. 그제야 아들은 암말이 식인귀로 변해 자신을 잡아먹으려 한다는 걸 깨달았다. 아들은 물레와 삼을 땅에 꽂고 외쳤다.

"어머니와 아버지의 나무야, 솟아올라라."

그러자 나무가 솟고 또 솟아올라 청년은 줄기를 타고 하늘 높이 올라갔다. 암말로 변신했던 식인귀는 낮 동안 자리를 비웠다가 밤이 되면 돌아와 나무줄기를 갉아 먹었다. 끊어지기까지 겨우 손가락 한 마디 남을 때쯤 밤이 샜고, 아침이 되면 나무는 다시 원래의 모습으로 돌아갔다. 이런 날이 며칠이고 계속됐다.

그 무렵, 사하라로 갔던 상단이 돌아왔다. 그들은 나무 아래를 지나며 아들에게 물었다.

"무슨 일이 있었나?"

"내 암말이 나를 배신해 식인귀로 변했어요. 제 이야기를 꼭 아버지께 전해 주세요. 만약 제 부탁을 잊으면, 여러분의 수프는 피가 되고 쿠스쿠스는 숯이 될 겁니다."

상단은 다시 출발해 마침내 마을에 도착했다. 그러나 아들의 부탁을 깜빡 잊고 말았다. 저녁 식사 때 수프가 피로 변하고 쿠스쿠스가 숯으로 변하자, 그제야 그들은 아들의 부탁을 떠올리고 청년의 아버지에게 알렸다. 아버지가 말했다.

"준비하시오. 내일 출발할 거요."

그들은 망토와 짚단을 챙겨 길을 나섰다. 나무 아래에 이르러 청년을 내려주고, 그 자리에는 짚을 감싼 망토를 매달아 두었다. 그리고 마을로 돌아갔다.

매일 밤처럼, 식인귀는 나무줄기를 갉아 먹으러 왔다. 한밤중이 되자, 바람이 불어 망토가 날아갔다. 식인귀는 달려들어 이가 땅에 박히도록 세게 물고 나서야 깨달았다.

"네가 날 속였구나! 하지만 네가 어디로 가든 쫓아가리라!"

식인귀는 마을로 가서, 눈부시게 아름다운 젊은 여인으로 모습을 바꾸었다. 그리고 마을 청년들 가운데 전 주인이었던 청년이 있는 곳으로 다가가 말했다.

"사나이들이여! 저와 겨루어 보세요."

모두 여인과 싸우길 꺼리자, 그녀는 덧붙였다.

"저를 이기는 자가 제 남편이 될 겁니다."

그녀는 도전한 모든 이들을 차례로 꺾었다. 이제 남은 건, 예전에 자신이 잡아먹으려 했던 바로 그 청년뿐이었다.

"저분은 왜 싸우지 않죠?"

"저 사람은 막 식인귀한테서 살아 돌아온 참이라, 아직

기운이 없습니다."

"어쩌면 저분에게 저를 이길 신의 축복이 있을지도 모릅니다."

사람들이 만류했지만, 그녀는 고집을 꺾지 않았다. 결국, 청년은 그녀와 맞섰고, 그가 손을 대자 그녀는 쓰러졌다. 청년은 그녀와 결혼하게 되었다.

아들 부부는 아버지 집에서 함께 살게 되었다. 아버지는 이제 많은 가축을 거느리고 있었으나 며느리가 된 식인귀가 매일 밤 가장 좋은 짐승을 골라 잡아먹었다. 그러다 보니 가축 수가 늘기는커녕 점점 줄어들었다. 걱정하는 아버지에게 목동이 말했다.

"주인님, 저는 아침마다 가축을 우리로 들이며 숫자를 세고, 목장으로 나갈 때도 수를 확인합니다. 내일 아침, 주인님께서 직접 보시면 밤새 가축 수가 줄어든다는 걸 알게 되실 겁니다."

다음 날 아침, 아버지는 정말 양 한 마리가 없어졌다는 것을 확인했다. 아버지는 양 떼 속에 몸을 숨기고 밤에 무슨 일이 일어나는지 지켜보았다. 한밤중에 며느리가 마당으로 나와 잘생긴 숫양 한 마리를 골라 잡아먹는 것이었다. 이렇게 사흘 밤이 지나고, 셋째 날 밤, 아버지는 결국 며느리의 머리채를 움켜쥐며 물었다.

"이 시간에 여기서 무엇을 하고 있느냐?"

"아버님, 제 물레에 쓸 양털을 좀 가지러 왔습니다."

아버지는 식인귀를 피해 온 가족을 데리고 마을을 떠났다. 그리고 다른 마을 사람들에게도 함께 떠나자고 했다. 남은 것은 아들과 식인귀 며느리뿐이었다. 그녀는 남편에게 가축을 건천으로 데려가게 하며 위협했다.

"가축이든 다른 어떤 짐승이든, 물에 코를 들이밀기만 해봐라. 네 피를 단숨에 들이켜고, 네 살을 한입에 삼켜버리겠다."

청년은 온종일 가축들이 물을 먹지 못하게 지켰다. 어느 무더운 날, 뱀이 다가와 물을 달라고 했다. 그는 거절했다. 이어 양이, 염소가, 개가 차례로 다가왔으나 모두 외면했다. 마지막으로 암말 한 마리가 다가와 말했다.

"내가 물을 마시게 해주면 당신을 구해줄게요."

청년은 허락했다. 그러자 암말은 등을 내어주며 말했다.

"내 등에 올라타세요. 아무것도 두려워 말아요."

청년이 등에 오르자, 암말은 번개처럼 달렸다. 그 사이 모든 짐승이 물을 마실 수 있었다. 이 사실을 알게 된 식인귀는 청년을 쫓았다. 거의 따라잡으려는 순간, 암말이 뒷발질로 식인귀를 걷어차 멀리 날려 버렸다. 식인귀가 다시 일어나 달려왔지만, 두 번째 뒷발질이 정확히 명중해 식인귀는 그 자리에서 죽었다.

마침내 마을 사람들은 고향으로 돌아왔다. 청년 역시 식인귀의 공포에서 서서히 회복되어 갔다.

그러던 어느 날, 그는 아내였던 식인귀가 죽었던 곳에 다시 가보고 싶어졌다. 그녀가 죽기 전에 했던 말을 잊은 것이다.

“어차피 넌 내게서 벗어나지 못할 것이다. 내가 네 팔을 부러뜨리거나, 네 눈을 멀게 하겠다.”

청년은 그곳을 걷다가 무심코 그녀의 뼈 한 조각을 밟고 말았다. 그 순간 뼈가 공중으로 튀어 올라, 그의 한쪽 눈을 찔러 멀게 했다.

티나루즈 공주와 왕자

옛날 옛적, 모로코의 고산지대인 옛 아틀라스 지방에 나이 든 술탄이 살고 있었다. 이 술탄은 까다롭지만, 매우 정직한 성품을 가진 사람이었다. 그에게는 '티나루즈'라는 공주가 있었다.

티나루즈는 모든 것에 호기심이 많았고, 밤처럼 검은 눈동자와 긴 머리카락을 가졌으며, 얼굴은 베일로 가리고 다녔다. 그녀는 봄의 첫날에 결혼하고 싶어 했고, 결혼 선물로는 다락방에 있는 증조할머니가 물려주신 은으로 된 상자를 원했다. 봄이 오기까지는 이제 닷새밖에 남지 않았지만, 술탄은 딸과 결혼시킬 젊은 왕자를 아직 찾지 못했다.

봄의 첫날이 되자, 술탄은 안타깝고 난처한 마음으로 딸에게 갔다. 그리고 그날 바로 결혼하는 건 불가능하다고 말했다. 티나루즈는 몹시 속상해하며 방으로 들어갔다. 그때 시녀 '미리암'이 무슨 일이냐고 물었다. 티나루즈는 봄의 첫날 결혼할 수 없다고 한 아버지의 말을 전했다. 마법사의 후예인 미리암은 작은 돌 하나를 내밀며 말했다.

"이 돌을 가슴에 문지르면서 소원을 비세요. 그러면 공주님이 원하는 날에 소원이 이루어질 거예요."

티나루즈는 미리암이 시키는 대로 하면서, 생일날 왕자와 결혼하게 해 달라고 빌었다.

마침내 생일날이 되자, 술탄은 은 상자를 가져왔다. 상자

뚜껑을 연 티나루즈는 놀라 소리를 질렀다. 그 안에는 눈이 강물 빛처럼 푸른, 갈색 머리에 모자를 쓴 젊은 남자가 있었다. 공주가 물었다.

"당신은 누구세요?"

"이름은 말할 수는 없지만, 그대의 아버님이 허락하신다면 당신과 결혼하러 왔습니다."

남자는 잘생겼지만, 술탄과 공주는 그가 과연 선하고 용감한 사람인지 궁금했다. 술탄은 그에게, 딸과 결혼하려면 카스바 강변 숲에 사는 머리가 일곱 달린 괴물을 물리쳐야 한다고 말했다.

다음 날 아침, 왕자는 칼을 든 채 하얀 말을 타고 숲으로 향했다. 왕자가 숲에 도착하고 얼마 지나지 않아 땅이 흔들리고 나무들이 움직이기 시작했다. 그리고 나무 사이로 붉은 얼룩이 있는 초록 머리 일곱 개가 달린 괴물이 나타났다. 괴물은 불길을 뿜으며 왕자를 막아섰다. 왕자는 놀라 외쳤다.

"신이시여, 이 불 속에서 어떻게 해야 하나요?"

그 순간 놀라운 일이 일어났다. 강물이 제방을 넘어 숲으로 흘러 들어가, 숲 전체가 물에 잠겼다. 왕자는 이 틈을 타 단칼에 괴물의 머리 일곱 개를 잘라 자루에 담고, 하얀 말을 타고 마을로 돌아왔다. 마을에 도착한 왕자는 자루를 술탄과 공주 앞에 내려놓았다. 술탄이 물었다.

"괴물을 죽였느냐?"

"예."

왕자가 자루를 열고 보여주자, 술탄이 말했다.

"그렇다면 내 딸과의 결혼을 허락하겠다."

그리하여 티나루즈 공주와 왕자는 결혼했고, 한동안 행복하게 살았다.

그러던 어느 날, 에메랄느빛 강가에서 함께 식사하다가 티나루즈가 왕자에게 물었다.

"왕자님은 어디서 오셨고, 이름은 무엇인가요?"

"그것을 말하면 우리에게 불행이 닥칠 거요."

하지만 티나루즈가 계속 졸라대는 바람에, 마침내 왕자가 입을 열려는 순간, 전과 똑같이 강물이 둑을 넘으며 왕자를 삼켜버렸다. 티나루즈 공주는 아버지에게 달려가 울면서 하소연했다. 시간이 지나도 그녀는 남편을 잃은 슬픔에서 벗어나지 못했다.

어느 날 밤, 달빛이 강물 위를 비출 때, 미리임은 강가를 걷나 작은 빛들이 물 위에서 춤추는 것을 보았다. 그러다 강물이 갈라지자, 그곳에 흰 수염의 노인이 왕좌에 앉아 있고, 그 곁에는 푸른 눈과 갈색 머리, 작은 모자를 쓴 젊은 남자가 서 있었다. 미리암은 곧장 그가 공주의 남편임을 알아보고 공주에게 달려가 알렸다.

"공주님! 공주님과 결혼한 왕자님을 봤어요!"

"지금 당장 나를 데려다줘!"

둘은 강가로 갔고, 티나루즈 공주도 노인과 왕자를 보았다. 공주는 남편임을 알아보고 그와 노인 앞에서 춤을 추기 시작했다. 왕자도 그녀를 알아보고 소리쳤다.

"아버지! 제가 결혼한 사람이 바로 저 여인입니다!"

노인이 물었다.

"아름다운 이방인아, 여기에 무슨 일로 왔는가?"

"제 남편을 데리러 왔습니다."

그러자 노인은 말했다.

"물의 왕이 그대에게 허락하노라. 하지만 남편을 잃었던 이유를 늘 기억하라. 호기심은 때때로 위험할 수 있다."

그리고 물이 닫히며 티나루즈와 왕자는 다시 만난 기쁨을 나누며 강변에 남았다.

공주와 생쥐

옛날 옛적, 어느 나라에 '사피아'라는 이름의 공주가 있었다. 왕과 왕비는 공주를 너무나 사랑하여, 무엇이든 다 들어주었다.

어느 날, 마법사가 궁전에 와서 피난처를 구했다. 그는 자신을 학문에 밝은 교수라고 소개하며, 원수들에게 쫓기는 바람에 갈 곳이 없고, 꼭 써야 할 중요한 책이 있다고 하소연했다. 그러자 왕이 말했다.

"친애하는 교수님, 이곳에 방을 하나 내드리겠소. 필요한 모든 것을 마련해 줄 터이니 마음껏 집필에 전념하시오."

그리하여 마법사는 학자 행세를 하며 궁궐에 자리를 잡았고, 온갖 주문과 마법 도구들을 몰래 들여놓았다. 이 나라에서는 매주 금요일이 쉬는 날이었는데, 그는 그날마다 궁정에 나와 왕과 대신들에게 공손히 인사를 올렸다. 그러나 사실 그는 왕좌를 빼앗겠다는 야망을 숨기고 있었다.

어느 날, 마법사는 노파로 변장한 채 궁전의 그늘진 정원을 거닐다가 사피아 공주를 발견했다. 그가 말했다.

"공주님, 저를 세탁부로 삼아 주시겠어요? 린넨과 비단을 세상에서 제일 깨끗이 세탁할 수 있습니다. 공주님을 모실 수만 있다면 아무 대가도 바라지 않습니다."

사피아 공주가 답했다.

"불쌍한 분이군요. 당신의 처지가 안타깝습니다. 제 방으로 와요. 빨랫감을 줄게요."

그렇게 해서 변장한 마법사는 공주의 방까지 들어왔다. 그리고 공주가 미처 눈치채기도 전에, 빨래 주머니 속으로 그녀를 밀어 넣고 눈 깜짝할 사이에 데리고 달아나 버렸다. 그는 공주를 자기 방으로 끌고 가더니, 주문을 외워 그녀를 인형만큼 작게 만들고 벽장 속에 숨겨 버렸다.

다음 금요일, 마법사는 평소처럼 궁정에 나타났는데, 온 궁전이 큰 소동에 휩싸여 있었다. 대재상이 말했다.

"사피아 공주님이 사라졌소! 폐하께서는 이성을 잃을 지경이시오. 모든 점술사와 주술사가 공주님의 행방을 찾고 있지만 아무도 알아내지 못했소."

사악한 마법사는 미소를 지었다. 자신의 주문이 워낙 강력해서 자기가 살아 있는 한 아무도 풀 수 없음을 알기 때문이었다.

다음 날, 왕비가 눈물을 흘리며 슬퍼할 때, 마법사는 다시 하녀로 변장하여 나타났다. 그리고 이번에는 왕비를 빨래 주머니 속에 넣어 자신의 방으로 데려가, 엄지손가락만 한 인형으로 만들어 버렸다. 마법사가 비웃으며 말했다.

"하하하! 이제 왕을 잡아서 내가 이 나라를 다스릴 테다!"

다음 날, 왕은 왕비까지 사라진 충격으로 지쳐서 안정을 취하고 있었다. 그때 마법사는 같은 수법으로 왕까지 붙잡아, 왕비와 똑같은 크기의 인형으로 만들어 벽장 안에 가두어 버렸다. 그리하여 왕실 가족 모두가 사라지자, 궁정 대신들은 울고불고하며 마법사의 집으로 몰려왔다. 대재상이 물었다.

"당신은 학식 있는 분이니 많은 것을 알고 있겠지요. 우리가 어떻게 해야 하겠소?"

마법사가 대했다.

"왕과 왕비님, 그리고 공주님이 돌아오실 때까지 제가 다스리겠습니다."

백성들은 이에 동의하였다. 그리하여 마법사는 오랜 세월 동안 나라를 지배하며 막대한 재물을 쌓았다. 백성들이 나라의 모든 금을 그에게 가져다주었기 때문이었다. 마법사는 계속 군사들을 사방으로 보내 왕과 왕비, 공주를 찾아 헤매게 했지만, 당연히 아무도 찾을 수 없었다.

그러던 어느 날, 생쥐 한 마리가 사피아 공주를 숨겨 놓은 벽장 속에 들어왔다. 공주는 생쥐에게 말했다.

"생쥐야, 제발 이 벽장에 구멍을 파서 내가 나갈 수 있게 해줘. 이 사악한 마법사는 나를 절대 풀어주지 않을 거야. 여기서 빠져나가지 못하면 난 결국 죽게 될 거야."

생쥐가 물었다.

"당신은 누구세요?"

"나는 공주야. 아버지께서 널 후히 보상하실 거야. 평생 먹을 치즈를 주실 거다."

생쥐가 대답했다.

"알라께서 자비를 베푸시길! 폐하께서는 이미 사라지셨어요. 왕비님도 마찬가지입니다, 지금은 마법사가 왕좌에 앉아 있어요."

"세상에! 그분들께 무슨 일이 생긴 걸까? 설마 사악한 마법사가 어머니, 아버지도 사로잡은 건 아니겠지?!"

공주가 걱정하자 생쥐가 말했다.

"잠깐 기다리세요. 벽장의 다른 칸들을 살펴보고 올게요."

생쥐는 이윽고 왕과 왕비가 인형처럼 변해 벽장 선반에 놓여 있는 것을 발견했다. 게다가 그들은 나무로 깎은 듯 꼼짝하지 못했다. 마법사가 그들에게는 또 다른 주문을 걸어둔 것이었다. 생쥐는 슬픈 소식을 공주에게 전했다.

"아아… 내가 도망친다 해도 무엇을 할 수 있겠어? 앞으로 어떻게 되는 걸까…"

공주가 울면서 말하자 생쥐가 말했다.

"공주님, 제가 도와드릴게요. 오래된 나무 속에 사는 지혜로운 여인을 찾아가 물어볼게요. 오늘 밤에 다시 와서 들은 바를 알려드릴게요."

그래서 공주는 다시 벽장 속에 몸을 숨겼고, 생쥐는 사라졌다. 생쥐는 수많은 겨울을 견뎌낸 거대한 나무 속에 사는 지혜로운 노파를 찾아갔다. 생쥐가 물었다.

"할머니, 마법사가 인형으로 변하게 한 공주를 도우려면 제가 어떻게 해야 할까요? 공주님은 제가 작은 구멍을 뚫으면 거기로 도망치고 싶대요. 저는 왕과 왕비님도 같은 벽장 안에 갇혀 있는 것을 봤어요. 나무 인형으로 변해 있었고,

할머니의 엄지손가락만큼 작아졌어요."

지혜로운 노파가 대답했다.

"달이 높이 뜰 때 이곳으로 오라고 공주에게 전해라. 내가 도와주마."

밤이 되자, 생쥐는 다시 돌아와 벽장 안에 구멍을 뚫어 사피아 공주가 빠져나오게 했다. 작아진 그녀는 쉽게 경비병들의 눈을 피해 궁전을 빠져나갔다. 달이 떠올라 정원이 빛으로 가득 차자, 공주는 생쥐가 알려준 나무 속으로 들어갔다. 지혜로운 노파가 말했다.

"들어오세요, 공주님. 공주님의 질문에 대한 답을 마법 책에서 찾았습니다."

생쥐는 곁에서 누가 오는지 망을 보고, 사피아 공주는 작은 의자에 앉았다. 노파는 커다란 마법 책을 펼쳤다.

"공주님은 갈림길까지 걸어가야 합니다. 근처 들판에 다다르면 주황빛 말 한 마리가 보일 겁니다. 이미 안장도 얹혀 있으니, 말에게 마법 풀씨를 먹인 다음 등에 올라타세요."

"마법 풀씨는 어디서 구하나요?"

공주가 묻자 노파가 서랍을 뒤지며 말했다.

"제가 드릴게요."

"말 등에 오르면 무엇을 해야 하나요?"

노파는 책을 선반에 내려놓으며 말했다.

"공주님, 말의 귀에 대고 속삭이세요. '주황빛 말아, 나를 신성한 배나무로 데려다줘. 가장 높은 가지의 배를 한 알 따게 해 다오.'"

"그러면 제 원래 모습으로 돌아오게 되나요?"

"사악한 마법사가 죽기 전까지는 원래 크기로 돌아갈 수 없을 거예요"

노파는 계속 말했다.

"배를 따면 다시 주황빛 말에 올라타, 푸른 괴물의 우물까지 계속 달려가세요. 말의 오른쪽 귀에 속삭이면 금세 도착할 겁니다. 배를 우물의 가장 깊은 곳에 던져야 합니다. 사악한 마법사의 영혼이 그 배 속에 들어 있거든요. 그 배를 우물 속 괴물의 입에 던지면 괴물이 배를 삼킬 거예요. 그 순간 마법사는 죽게 됩니다."

공주가 물었다.

"그다음에는 어떻게 될까요?"

"그다음에는 마법사가 변하게 한 모든 것들이 원래의 모습으로 돌아가고 모든 것이 이전과 같아질 것입니다."

지혜로운 노파는 이렇게 답하며 공주의 손에 풀씨를 쥐여 주었다. 작아진 공주는 지혜로운 노파에게 감사 인사를 하고, 생쥐에게 작별을 고했다. 공주는 달빛 아래 길을 따라 갈림길까지 달려갔다. 과연 그곳에는 노파가 말한 대로 주황색 말 한 마리가 아름다운 갈기와 금빛 꼬리를 휘날리며 들판에 서서 안장을 얹고 재갈을 문 채 기다리고 있었다. 사피아 공주가 속삭였다.

"주황빛 말아! 주황빛 말아! 이 마법 풀씨를 먹고 나를 신성한 배나무로 데려다주렴. 거기서 가장 높은 곳에 있는 배를 따게 해 줘."

말은 풀씨를 삼키더니 고개를 숙여 사피아 공주가 금빛 갈기를 잡고 등에 올라타게 해주었다. 사피아 공주는 안장에 편안하게 앉았다. 말은 두 번 울부짖더니, 머리를 흔들며 바람보다 빠르게 달리기 시작했다. 사피아 공주는 순식간에 체리나무, 복숭아나무, 온갖 열매가 열린 나무로 가득한 아름다운 과수원에 도착했다. 그중 배나무는 단 한 그루뿐이었다.

"여기야."

말이 말했다. 사피아 공주는 안장에 서서 팔을 가지 쪽으로 뻗었다. 공주는 가장 높은 가지에 있는 배를 따서 조심스럽게 가방에 넣었다. 공주는 말의 오른쪽 귀에 다시 속삭였다.

"주황빛 말아, 푸른 괴물의 우물로 데려다주렴."

말은 고개를 끄덕이고 다시 바람처럼 달렸다. 너무 빨리 달려 말발굽이 땅에 닿지도 않는 듯했다. 마침내 세 그루의 야자나무 뒤에 있는 우물에 도착했다. 사피아 공주는 우물 안쪽에 괴물의 머리가 있는 것을 달빛 아래에서 보았다. 그 머리는 호박만큼 크고, 눈은 커다랗고 둥글며, 입은 항아리만큼 컸다. 사피아는 망설이지 않고 배를 우물 속 푸른 괴물의 입에 던졌다. 괴물은 바로 그것을 삼켰다. 그 순간 사피아 공주의 몸이 점점 커지더니 원래의 크기로 돌아왔고 동시에 사악한 마법사도 죽었다.

말은 공주를 다시 갈림길로 데려다주었고, 그녀가 감사를 표하려던 순간 곧 천둥소리와 함께 사라졌다. 공주는 곧장 궁전으로 달려가 어머니와 아버지가 갇혔던 벽장으로 갔다. 왕과 왕비도 원래 크기로 돌아와 있었다. 공주는 모든 이야기를 빠르게 설명했다. 이야기를 다 들은 왕은 명령했다.

"경비대장을 불러라! 요망한 마법사를 잡아서 목을 쳐라!"

하지만 병사들이 도착해 가짜 왕을 잡으려 했을 때, 이미 마법사는 죽어 있었다. 푸른 괴물이 마법사의 영혼이 담긴 배를 삼킨 순간에 일어난 일이었다. 지혜로운 노파가 말한 대로였다.

궁전에는 다시 기쁨이 가득 찼다. 사피아는 은혜를 갚기 위해 지혜로운 노파를 찾아갔다. 하지만 나무는 마치 처음부터 존재하지 않았던 것처럼 흔적도 없이 사라졌다. 사피아는 믿을 수 없어 주변을 둘러보았다. 그때 화려한 옷을 입은 잘생긴 청년이 다가와 말했다.

"축복받으소서, 공주님. 사실 마법에 걸렸던 그 생쥐가 바로 저입니다. 마법사의 저주로 쥐로 살았지만, 이제 풀렸습니다. 공주님이 탈출해 마법사의 영혼이 들어 있는 배를 찾으러 가실 수 있도록 구멍을 팠지요."

사피아는 놀라며 말했다.

"정말 꿈이 아니었군요! 저는 지혜로운 노파를 찾으러 왔는데 그분이 사라졌어요."

청년이 설명했다.

"그분은 마법으로 된 나무에 살고 있습니다. 이제 다른 곳에 살고 싶어 해서 나무는 뿌리째 뽑혀 옮겨졌고 흔적도 남지 않았습니다."

사피아 공주가 청년에게 말했다.

"저와 함께 제 아버지께 가서 인사드리세요."

청년은 공주를 따라가서 왕 앞에 절하며, 자신이 마법사에 의해 쥐로 변했던 왕자라고 설명했다. 왕은 크게 기뻐하며 말했다.

"여기 머물며 내 딸과 결혼하라. 또 나에게 아들이 없으니, 그대에게 왕위를 물려주마."

그렇게 일이 진행되었고, 결혼식은 일주일 내내 이어졌다. 사피아 공주와 왕자는 오래도록 행복하게 살았다.

황금 가젤

아름다운 공주는 태어나면서부터 몸에 신비로운 표식을 지니고 있었다. 그녀와 결혼하고자 하는 자는 그 표식을 정확히 묘사해야 했고, 실패하면 술탄의 명령으로 목이 잘렸다! 그리하여 성벽에는 이미 잘린 머리가 아흔아홉 개나 걸려 있었다.

어느 날, 먼 나라에서 용감한 왕자가 찾아왔다. 그는 이 무시무시한 도전에 나섰다. 과연 그는 백 번째 희생자로 머리가 잘릴 것인가?

왕자는 여행 끝에 높은 성벽에 둘러싸인 성채에 도착했다. 하늘을 올려다보니, 성벽의 모든 틈새마다 사람의 두개골이 걸려 있었다. 그 수를 세어 보니 아흔아홉 개였다. 그는 호기심에 이끌려 성문 안으로 들어섰다. 성안은 무거운 분위기가 감돌고 있었다. 그때 급히 길을 가는 키 작은 남자가 있었다. 왕자는 그에게 다가가 물으려 했지만, 어떤 남자가 그를 가로막았다.

"어서 이 도시를 떠나시오, 이방인이여!"

"왜요?"

"이곳에 발을 들인 청년들은 모두 목숨을 잃었소."

"저 해골들은 대체 무엇이오?"

"술탄은 딸의 신랑 후보에게 수수께끼를 내고, 그 수수께끼를 풀지 못한 자는 머리를 베어 죽입니다."

"세상에! 그 수수께끼란 무엇이오?"

"공주는 세상에 둘도 없는 미인이지만, 몸에 신비한 표식이 있소. 공주와 결혼하려는 자는 그 표식을 알아내야 하며, 표식을 맞추지 못하면 목숨을 내놔야 하오."

도전을 좋아하는 왕자는 시도해 보기로 했다. 다만 서둘러 나서지 않고, 먼저 조용히 그 도시로 이사했다. 이미 마음속에 계획을 세운 왕자는 유명한 보석 세공인을 찾아다니기 시작했다. 그는 곧 이름난 세공인을 찾아가 제자로 삼아 달라고 청했다. 세공인은 이를 받아들였다. 하지만 며칠 뒤, 세공인은 매일 아침 출근하는 제자가 일에는 집중하지 않고 다른 생각을 하고 있다는 것을 알아챘다. 그는 걱정이 되었다.

"젊은이, 그대는 이 일을 배우고 싶은데 아니로구나. 그런데 왜 여기 있는 거지?"

왕자는 금이 가득 든 주머니를 꺼내 작업대 위에 놓으며 말했다.

"나는 위대한 왕국의 왕자라네. 나를 공주의 방에 몰래 들여보내 준다면 부귀영화를 누리게 해주겠네."

"미쳤구나!"

"아닐세! 공주의 몸에 지닌 표식을 알아내기 위한 유일한 방법일세. 그 표식을 알아내면 그녀와 결혼하고 학살을 막을 수 있네."

그러자 세공인은 더 이상 망설이지 않고 작업을 시작했

다. 그는 속이 빈 황금 가젤 조각상을 정교하게 만들고, 그 안에 비밀 문을 달았다. 이 귀한 예술품은 곧 술탄에게 바쳐졌고, 술탄은 딸에게 선물했다. 세공인이 조각상을 술탄에게 전달하기 전에 왕자가 그 안에 숨었다. 가젤 조각상은 공주가 편안히 감상할 수 있도록 그녀의 방에 놓였다.

그날 밤, 공주가 잠든 틈을 타 왕자는 가젤의 배를 열고 나왔다. 그리고는 조심스럽게 침대 머리맡의 촛불을 꺼 다른 곳에 옮겨 놓았다. 다음 날 아침, 공주는 양초가 타지도 않고 옮겨져 있는 것을 보고 의아해했다. 궁금해진 공주는 조심스럽게 시녀들을 조사했지만 아무런 단서도 찾지 못했다. 다음 날 밤, 그녀는 창문 뒤에 숨어 혹시나 침입자가 있는지 확인하려 했지만, 곧 잠에 빠져들었다. 왕자는 전날과 같은 행동을 반복했다. 공주는 불안해하면서 잠을 자지 않으려 했지만 허사였다. 이 일이 세 번이나 반복되자, 마침내 공주는 보이지 않는 존재가 있다고 확신하고 이렇게 간청했다.

"오, 내 잠을 괴롭히는 자여. 정체가 누구든, 인간이든 정령이든, 제발 나타나라!"

그러자 낮게 울리는 목소리가 대답했다.

"내 존재를 누구에게도 말하지 않겠다고 신성한 맹세를 하라. 그러면 진실을 보여주겠다."

공주는 놀라 몸을 일으켰다가 다시 진정하고 그러겠다고 맹세했다. 그러자 가젤의 배가 열리며 왕자가 당당하게 나타났다. 그는 지위에 걸맞게 예의를 갖추어 자신을 소개했다.

“오, 아름다운 공주여, 두려워하지 마세요. 저는 위대한 왕국의 왕자입니다. 당신을 해치러 온 것이 아니라 목숨을 걸고 여기까지 왔습니다. 부디 당신의 표식을 알려 주시면, 술탄께 정식으로 청혼하겠소.”

놀라움이 가시자, 공주는 얼굴이 밝아지며 말했다.

“오, 고귀한 이방인이여, 당신의 용기가 저를 영광스럽게 합니다. 약속은 신성한 것이지요.”

그리고 그녀는 약속을 지키기 위해 어깨를 드러내 보였다.

이제 왕자는 처음 들어왔던 방식대로 은밀히 궁전을 떠나야 했다. 그는 기발한 생각을 해냈는데, 황금 가젤의 다리 하나를 부러뜨린 뒤 가젤 안에 숨기로 한 것이다. 이제 공모자가 된 공주는 황금 가젤을 수리해야 한다며 보석 세공인에게 가져가라고 명했다.

다음날, 왕국의 갑옷과 문장으로 치장한 화려한 옷을 차려입은 왕자가 술탄 앞에 나타나 공주에게 청혼했다. 술탄은 왕자에게 경고했다.

“친구여, 조건을 모르는가? 실패하면 영원히 그대의 두개골이 내 성벽을 장식할 걸세.”

왕자는 침착하게 대답했다.

“폐하, 저는 공주의 수수께끼를 풀었습니다. 공주의 오른쪽 어깨에는 검은 머리카락, 황금빛 머리카락, 은빛 머리카락이 한 가닥씩 자라고 있습니다.”

술탄은 이 현명한 구혼자에게 공주와의 결혼을 허락할 수 밖에 없었다. 성대한 결혼식이 열렸다. 동시에 이 잔혹한 시험이 끝난 것도 축하했다. 공주는 신부 지참금으로 그녀의 운명을 바꾸어 준 황금 가젤만을 가져갔다.

식인귀를 아내로 맞은 남자

옛날에 어떤 남자가 가족들이 말렸는데도, 숲에서 만난 매우 아름다운 여자와 결혼했다. 그는 그녀가 식인귀라는 것을 알지 못했다. 그녀는 낮에는 다른 아내들처럼 빵을 굽고, 쿠스쿠스를 만들고, 집안일을 도맡아 했다. 하지만 밤이 되면, 목동들이 가축을 가둬둔 우리 안으로 몰래 들어가 가장 살찐 양을 잡아먹곤 했다. 부족 사람들은 점점 불안해졌고, 결국 한데 모여 대책을 논의했다. 남자의 아버지가 나섰다.

"오늘 밤 내가 검은 망토를 두르고 양 떼 속에 숨어 지켜보겠소."

그날 밤, 식인귀는 시아버지가 울타리 안에 있다는 것을 모르고 평소처럼 가장 살찐 양을 먹기 위해 우리 안으로 몰래 들어갔다. 그러나 어둔 속에서 그녀가 붙잡은 것은 양이 아니라, 숨어있던 노인이었다.

"이 끔찍한 괴물아, 놓아라! 놓으리고!"

그러자 그녀가 황급히 손을 떼며 대답했다.

"아버님, 접니다! 며느리예요! 아기 양이 우는 소리를 듣고 혹시 도둑이 들었나 나와 본 거예요."

겁에 질린 노인은 속은 척했고, 날이 밝자 곧바로 아들에게 알렸다.

"큰일이다! 네 아내는 식인귀야! 어서 달아나지 않으면 우리 가축을 모두 잡아먹은 다음 우리에게도 달려들 거다!"

그러나 아들은 믿으려 하지 않았다.

"말도 안 됩니다! 그녀는 딸을 낳아 주었어요. 식인귀일 리가 없어요!"

아들이 끝내 말을 듣지 않자, 가족들은 더는 설득할 수 없다고 여겨 모두 집을 떠났다. 떠나면서도 그의 몫인 양과 소, 말 따위를 그대로 남겨두었다. 결국 집에는 아들과 며느리, 그리고 갓난아기만 남게 되었다. 하지만 안타깝게도 날이 갈수록 가축의 수는 점점 줄어들었다. 그러나 남자는 사랑에 눈이 멀어 매번 핑계를 찾았다. 그는 가축들이 울타리를 빠져나갔거나 자칼에게 잡아먹혔을 거라고 생각했다.

그러던 어느 날, 그는 밭일을 일찍 마치고 돌아오다 끔찍한 광경을 목격했다. 아내가 어린 망아지의 배 속에 얼굴을 파묻은 채, 내장을 뜯어먹고 있던 것이다. 그는 아내가 자기를 발견하기 전에 황급히 어린 딸을 어깨에 올려 메고 달아났다. 그런데 숨을 고르던 순간, 딸이 갑자기 아버지의 귀를 움켜쥐며 말했다.

"음, 아빠, 배고파요. 아빠 귀를 한 입 뜯어 먹고 싶어요!"

"설마 내 딸도 식인귀라고?"

그는 망설이지 않고 아이를 깊은 강물 속으로 던지고 다시 달아났다. 그러나 곧 식인귀가 그를 쫓아왔다. 거의 잡힐 뻔한 순간, 그는 커다란 버드나무를 발견하고 급히 올라갔다. 나무 아래에 선 식인귀는 이빨을 드러내며 위협했다.

"넌 절대 내게서 도망치지 못할 거야! 겨울바람이 불면 떨어져서 내가 널 먹어 치울 것이고, 봄바람이 불면 떨어져서 내가 널 먹을 것이고, 여름 바람이 불면 너는 떨어질 것이고, 내가 너를 먹어 치울 거야! 가을바람이 불면 너는 떨어질 것이고, 내가 너를 먹어 치울 거야!"

그 후로 매일, 식인귀 아내는 나무를 이빨로 갉아내며 부러뜨리려 했다. 겁에 질린 남자는 기도했다.

"오, 부모님께서 주신 나무여, 커져라! 커져라!"

그러면 신비하게도 부러질 뻔한 나무가 금세 다시 제 모습을 되찾았다. 시간이 흘렀고, 남자는 지평선을 바라보며 자신을 구해줄 누군가를 찾았다. 어느 날 그는 멀리 나는 새 떼를 보고 외쳤다.

"오, 하늘 높이 나는 새들이여! 내가 큰 위험에 처했다고 부모님께 전해 다오!"

철새들은 그의 말을 전했고, 곧 부족의 기병들이 무기를 들고 그를 구하기 위해 달려왔다. 그들은 버드나무를 발견했다. 다행히도 식인귀는 사냥하러 가서 없었다. 남자는 망토를 버드나무에 걸어두고 나무에서 내려와 말을 타고 달아났다. 사냥에서 돌아온 식인귀는 나무 꼭대기에 여전히 망토가 휘날리는 것을 보고 남자가 아직도 그곳에 있다고 믿었다. 그녀는 여전히 이를 갈며 나무를 갉아댔다.

그렇게 계절이 바뀌고 바람 부는 가을이 왔다. 어느 날 아침, 바람이 거세게 불자 망토가 나무에서 떨어져 공중을 날아다니다가 바위 위로 떨어졌다. 성난 식인귀 여인이 소리쳤다.

"드디어 잡았다! 내가 분명 떨어질 거라고 했지!"

그러나 망토에 달려들어 물어뜯는 순간, 날카로운 바위에 이빨이 모두 부러지고, 그 고통에 결국 죽고 말았다.

한편, 남자는 마침내 가족과 재회하여 평화롭게 살았다.

갇혀 지낸 왕자

늘 자식을 품에 끼고 사는 어머니는 흔하다. 그런데 자식을 지나치게 걱정하는 아버지도 있다. 지금부터 하는 이야기는 바로 그런 아버지에 관한 것이다. 이 아버지는 평범한 사람이 아니라 거대한 왕국을 다스리는 왕이었다. 왕에게는 여러 아내가 있었고, 그녀들은 모두 아들을 낳았다. 그러나 알 수 없는 불행이 찾아와, 아들 모두는 일곱 살이 되기 전에 죽어버렸다.

왕은 이 비극의 원인을 찾고자 했다. 그러다 아이들이 모두 뼈 있는 고기를 먹다가 죽었다는 것을 알게 되었다. 고기 속에 들어 있던 뼛조각을 잘못 삼켜 목에 걸려 죽은 것이다. 이 사실을 들은 왕은 분노에 차서 아이들을 돌보던 하인들을 모두 죽여버렸다. 그리고 친척들 가운데서 새 하인들을 뽑아 다시 돌보게 했다. 그러나 막내아들까지 죽자, 왕은 더 엄격해졌다.

그러다 다시 왕자가 태어났다. 왕자는 태어나자마자 귀여움을 받으며, 오직 한 명의 충직한 늙은 시녀만이 그에게 음식을 줄 수 있었다. 왕자의 방은 궁궐 한가운데 있었고, 다른 사람들과 전혀 만날 수 없었다. 그는 원하는 것은 무엇이든 할 수 있었다. 하지만 또래 친구를 만나 놀 수도 없었고, 뼈가 붙은 고기를 먹는 것은 철저히 금지되었다. 왕자는 좋아하는 요리를 맘껏 먹었지만, 매일 음식이 올라올 때는 철저히 검사한 뒤에야 허락되었다. 그러니 왕자는 뼈라는 것이 무엇인지도 몰랐고, 달걀 껍데기도 본 적이 없었다.

한편, 궁전에는 일찍 남편을 여읜 과부가 살고 있었다. 그녀에게는 왕자와 같은 나이의 아들이 있었다. 이 소년은 늘 바깥에서 뛰놀며 지냈는데, 특히 발을 세게 쓰는 격투 경기인 '티카르'에 푹 빠져 있었다. 아침부터 저녁까지 티카르만 하며 놀던 과부의 아들은 마침내 누구도 쉽게 이길 수 없는 실력자가 되었다. 이 소년은 얼굴 한 번 본 적은 없지만, 자신과 같은 달에 태어난 왕자가 궁 안에 갇힌 채 지내고 있다는 사실을 알고 있었다. 어느 날 소년은 어머니에게 속마음을 털어놓았다.

"제 소원은 왕자님께 티카르 놀이를 가르쳐 드리는 거예요. 그러면 왕자님과 친구가 될 수 있을 테고, 저를 못마땅해하던 녀석들도 모두 부러워하겠죠."

아들을 위해서라면 무엇이든 해주고 싶었던 과부는 어떻게든 그 소원을 이루어 주겠다고 약속했다. 마침 궁중의 시녀들과 두루 알고 지내던 과부는 수석 시녀에게 부탁하여 잠시 왕자를 만날 수 있게 허락을 받아냈다. 왕자를 마주한 과부는 통통하고 불그스름한 뺨에 몸집도 튼실한 왕자의 모습을 보고 깜짝 놀랐다. 그녀는 곧바로 조심스레 물었다.

"왕자님, 도대체 무엇을 드시길래 이렇게 살이 오르셨나요?"

"먹고 싶은 건 뭐든지 먹지. 그런데 고기는 항상 뼈 없는 고기뿐이야."

"아, 그래서 이렇게 살이 찌셨군요! 왕자님처럼 어린 나이에는 뼈 있는 고기를 먹어야 튼튼하고 늠름해진답니다."

"난 한 번도 뼈 있는 고기를 먹어본 적이 없어. 뼈가 뭔지도 모르고, 달걀 껍데기가 뭔지도 몰라."

"참 딱하시네요, 제 아들은 왕자님과 같은 나이인데 아주 날쌔답니다. 티카르 놀이에서는 그 아이를 이길 사람이 없답니다."

"티카르가 뭐야?"

"아이들이 발로 힘과 재주를 겨루며 노는 놀이예요."

"난 한 번도 해 본 적 없어. 정말 해 보고 싶다."

"그건 여럿이 어울려야 할 수 있는 놀이예요. 이렇게 혼자 갇혀 있으면 못 한답니다."

"알겠어. 고마워."

과부의 말에 마음이 크게 흔들린 왕자는 그때부터 오직 한 가지 소망만 품게 되었다. 방에서 나가 또래 아이들과 마음껏 뛰어놀고, 뼈가 붙은 고기를 씹어보고, 달걀을 직접 깨뜨려 먹어보는 것 말이다. 그날 저녁 식사 때 왕자는 충직한 시녀에게 뼈 있는 고기를 내놓으라 요구했다. 시녀는 왕이 엄격히 금지한 일이었지만, 어린 주인의 뜻을 거역할 수 없었다. 마침내 왕자는 뼈가 그대로 붙어 있는 어린 양 넓적다리를 받아 들었다.

왕자는 뼈에 붙은 고기를 오물오물 씹으며 처음 느껴보는 즐거움에 빠졌다. 식사를 끝내자, 그는 뼈를 이리저리 돌려보다가, 과연 부러지는지 궁금해졌다. 그는 뼈를 힘껏 던져 보았다. 그러자 유리창이 산산조각으로 깨어지며 바깥의 빛이 쏟아져 들어왔다. 왕자는 창밖으로 고개를 내밀었다. 바깥 풍경은 너무도 눈부셨다. 사람들이 오가고, 아이들은 신나게 뛰어놀고 있었다. 왕자는 주먹을 꼭 쥐었다.

"이곳에 갇혀 지낸 세월이 무려 열다섯 해라니! 나는 세상이라는 것을 전혀 모르고 지냈구나."

왕자는 부모에게 따졌다.

"저를 밖으로 내보내 주지 않으면 죽어버릴 거예요."

왕은 아들을 위험에서 지켜주려는 마음뿐이었지만, 끝내 아들의 간청에 못 이겨 허락하고 말았다. 왕자는 마침내 갇혀 지냈던 탑에서 나와 과부의 아들을 찾아가 티카르를 가르쳐 달라고 했다. 며칠 동안 연습을 거듭한 끝에, 왕자는 다른 아이들을 모조리 꺾을 만큼 강해졌다. 마침내 과부의 아들마저 이기게 되었다. 그러나 왕자는 은혜를 모른 채 오만에 가득 차, 보답이라며 은인인 과부 아들의 따귀를 때렸다. 과부의 아들은 왕자에게 본때를 보여주려 했으나, 덩치와 힘에서 상대가 되지 않았다. 누구도 왕자를 이길 수 없었다.

그 뒤로도 왕자는 틈만 나면 과부의 아들을 모욕하듯 뺨을 때렸다. 날이 갈수록 상황은 더 심해졌다. 왕자는 점점 거칠고 오만해졌으며, 놀이판에서 다른 아이들을 몰아냈다. 과부의 아들은 붉게 달아오른 뺨을 움켜쥐고 집에 돌아와 어머니에게 하소연했다. 그러자 과부가 말했다.

"걱정 말거라, 얘야. 무례한 왕자가 달라지지 않는다면, 내가 반드시 이 땅에서 영원히 내쫓아 버리마."

한편, 왕자는 티카르를 제패한 뒤 말타기에도 도전했다. 그러나 몸집이 너무 커서 왕자의 무게를 감당할 말이 없었다. 왕은 지혜로운 노인을 불러 조언을 구했다. 노인은 말했다.

"왕자를 태울 수 있는 말은 오직 왕자와 같은 날에 태어난 말뿐입니다."

곧 왕은 마부들을 불러 알맞은 말을 찾도록 했고, 마침내 적당한 말을 발견했다. 새하얀 말에 올라탄 어린 왕자는 평생 잊지 못할 기마행렬을 벌였다.

그러던 어느 날, 과부는 왕자가 지나가는 길목에 일부러 나타났다. 왕자는 거칠게 그녀를 밀쳐냈다. 화가 난 과부가 말했다.

"이 나라 왕자면 다인가요? 왕자님이 만약 마흔 명의 식인귀를 형제로 둔 여인을 아내로 맞을 수 있다면, 왕자님이 강하다고 할 수 있겠지요. 하지만 지금 왕자님이 하는 짓은 그저 궁궐 안에서나 잘난 체하는 것일 뿐입니다!"

왕자는 과부의 말에 몹시 자존심이 상했다. 그는 풀이 죽어 방으로 돌아가 밤새 고민에 잠겼다. 새벽이 밝자 왕자는 과부를 불러, 마흔 명의 식인귀 형제를 둔 여인에 대해 묻더니, 반드시 그녀를 아내로 맞고 싶다고 했다. 과부는 기다렸다는 듯 기꺼이 알려주었다. 그녀의 계략은 성공이었다.

왕자는 궁궐을 떠나 먼길을 떠나게 될 것이고, 사랑하는 아들을 더 이상 괴롭히지 못할 것이다. 식인귀들이 사는 숲은 멀리 떨어져 있었으니, 그 길에서 어떤 화가 닥칠지는 아무도 모를 일이었다.

부모의 만류를 뿌리친 왕자는 끝내 모험을 떠났다. 수많은 길을 지나던 왕자는 도중에 기묘한 사내를 만났다. 거대한 몸집의 남자는 두 개의 맷돌짝을 던졌다 받았다 하며 춤을 추고 있었다. 왕자가 물었다.

"어찌하여 그런 짓을 하고 있느냐?"

"하지 말라는 법이 있느냐? 듣자 하니 이 나라 왕자가 오랫동안 연습해서 티카르 놀이에서는 당할 자가 없다 하지 않느냐. 나도 언젠가 이름을 떨치고 싶어 이렇게 연습하고 있다."

"그 맷돌은 이제 내려놓아라. 내가 바로 그 왕자다. 나와 함께 가자. 너는 큰 보상을 받게 될 것이다."

그리하여 왕자와 사내는 함께 길을 떠나게 되었다. 얼마쯤 더 가자, 이번에는 젊은 청년이 강물 앞을 가로막은 채 혀로 물줄기를 붙들고 있었다. 왕자가 물었다.

"어찌하여 혀로 강물을 막고 있느냐?"

"하지 말라는 법이 있느냐? 이 나라 왕자가 훈련 끝에 티카르 놀이에서 무적이라 하지 않느냐. 나도 훈련을 계속하다 보면 언젠가 유명해져서 사람들의 입에 오르내리게 될 것이다."

"내가 바로 그 왕자다. 강물을 놓아주고 나를 따르라. 그러면 너도 내 위업을 함께 나누게 될 것이다."

그러자 청년은 강물을 풀어놓고 왕자를 따랐다.

셋이 길을 가다 이번에는 농부를 만났다. 그는 소 대신 두 마리 사자에 멍에를 씌워 밭을 갈고 있었고, 채찍으로는 독사를 들고 있었다. 놀란 왕자가 물었다.

"어찌하여 사자로 밭을 갈고 독사로 소를 몰고 있느냐?"

"하지 말라는 법이 있느냐? 듣자 하니 이 나라 왕자가 훈련으로 티카르에서 무적이 되었다지 않느냐. 나도 언젠가 인정받아 이름을 떨치려 이렇게 훈련하는 것이다."

"내가 바로 그 왕자다. 내 곁에 오너라. 나와 함께 더 큰 업적을 이루게 될 것이다."

농부는 쟁기도, 사자도, 독사도 버리고 왕자를 따랐다.

이제 네 사람은 긴 여정을 거쳐 마침내 마흔 명의 식인귀가 사는 숲에 이르렀다. 그러나 왕자는 식인귀에 대해 아무것도 몰랐고, 동행들도 마찬가지였다. 그는 현명한 노인을 찾아가 어떻게 해야 식인귀에게 잡아먹히지 않을지 묻기로 했다. 비록 왕자의 신분이었지만 그는 겸손히 고개를 숙이며 말했다.

"당신은 우리의 정신적 스승이시니, 우리 모두 당신의 가르침을 따르겠나이다!"

존경받는 노인은 그들에게 귀띔했다.

"식인귀들에게 '우리는 당신네 누이를 청하러 왔소'라고 하지 말고, '우리는 오늘 그 여인을 데리러 왔소, 신이 원하신다면!'이라고 하시오."

네 사람이 숲에 들어서자 곧 식인귀 무리에게 둘러싸였다. 식인귀들은 왕자 일행을 미친 자들이나 제법 대담한 자들쯤으로 여겼다. 식인귀들이 사방에서 포위하자, 왕자는 미처 말을 붙일 겨를도 없이 먼저 검을 뽑아 싸울 태세를 취했다. 왕자의 결연한 기세를 본 식인귀들이 먼저 말을 걸었다.

"우리가 누이를 줄 수는 있다. 하지만 네놈들이 과연 기적 같은 힘을 지녔는지 시험해야겠다."

왕자가 큰소리쳤다.

"우리는 무엇이든 할 수 있다!"

"좋다, 그럼 너희는 우리의 손님이니 들어와 쉬어라."

그러더니 눈 깜짝할 사이에 거대한 쿠스쿠스가 준비되었다. 마흔 명의 식인귀마다 모두 쿠스쿠스와 고기, 국을 내왔다. 조건은 단 하나였다. 네 사람이 그것을 다 먹어 치우는 동안, 마흔 명의 식인귀가 집 주위를 한 바퀴 도는 것이었다. 다 먹지 못하면 끔찍한 꼴을 당하게 될 터였다. 네 사람은 몰래 모든 음식을 마구간에 던져 넣고 짚으로 덮어버렸다. 식인귀들이 돌아왔을 때 그릇은 깨끗이 비어 있었다.

식인귀들은 감탄했다.

"정말 강한 자들이구나! 첫 번째 시험을 통과했다. 이제 두 번째다!"

그들은 거대한 바위를 가리켰다.

"이 바위는 비밀 통로를 막고 있다. 우리 마흔 명이 달라붙어야 겨우 움직이는데, 너희도 힘을 합쳐 옮겨 보아라."

그러자 맷돌을 돌리던 사내가 앞으로 나서더니, 바위를 붙잡고 능숙하게 돌려냈다. 바위가 움직이자 길이 드러났다. 식인귀들은 깜짝 놀랐다.

"혼자서 바위를 옮기다니, 넷이 힘을 합쳤다면 도대체 무슨 일이 벌어졌을까?"

"두 번째 시험도 통과했다. 이제 세 번째다. 우리는 한 번에 마흔 마리 사자와 마흔 마리 독사를 죽일 수 있다. 너희도 할 수 있겠느냐?"

그러자 사자로 밭을 갈고 독사를 채찍 삼던 농부가 앞으로 나섰다.

"내가 그 시험을 해낼 수 있다."

그가 사자들과 독사들 앞에 서자, 맹수와 뱀들이 덤벼들었다. 하지만 그는 난숨에 놈들의 허리를 꺾어버렸다. 세 번째 시험까지 이기자 마흔 명의 식인귀는 더 이상 왕자 일행에 대적하기를 두려워했다. 그들은 서로 뜻을 모아, 괜한 화를 입느니 차라리 누이를 이 젊은이에게 주자고 결정했다.

"우리 누이를 얻으려 이토록 위험을 무릅쓴 사내라면 범상치 않은 자다. 그와 함께라면 누이도 행복할 것이다. 그냥 떠나게 두자."

이렇게 왕자와 함께 사명을 다한 세 사람은 왕자의 곁을 떠나 각자의 길로 돌아갔다. 왕자는 궁으로 돌아가면 반드시 그들에게 크게 보상하겠다고 약속했다.

세 동료와 헤어진 뒤, 왕자와 식인귀의 누이는 귀환길에 올랐다. 그러나 곧 길을 잃고 말았다. 때마침 길에서 한 사내를 만나 왕궁으로 가는 길을 묻자, 그가 이렇게 일러주었다.

"먼 길은 안전하고, 가까운 길은 위험이 가득하오!"

왕자는 대답했다.

"나는 얼른 궁으로 돌아가야 하오. 짧은 길을 택하겠소."

"당신 뜻대로 하시오. 하지만 내 경고를 잊지 마시오."

왕자와 여인은 말을 타고 좁은 길을 달리다, 길을 막아선 거대한 흑인 거인을 만났다.

"여긴 내 땅이다. 통과하려면 값을 치러야 한다."

"길은 모두의 것이다. 나는 네게 아무것도 내지 않겠다. 네 덩치 따위는 두렵지 않다!"

두 사람은 칼을 맞대고 싸웠다. 전투는 온종일 이어졌고, 마침내 왕자가 승리했다. 거인은 숨을 헐떡이며 외쳤다.

"나를 죽이지 말아다오. 평생 네 노예가 되겠다!"

왕자는 고개를 끄덕였다.

"좋다. 네가 내 종이 되겠다면, 첫 임무를 내리겠다. 이 여인을 궁으로 모셔라. 내 아버지인 왕께 내가 몇 달 후 반드시 돌아와 그녀를 아내로 삼을 것이라 전하라. 네 눈동자를 소중히 지키듯이 그녀를 지켜라. 나는 지금 먼 곳으로 떠나야 하니 언제 돌아올지 모른다."

그리하여 거인은 식인귀의 누이를 데리고 궁으로 들어갔

다. 그녀의 아름다움은 온 궁궐을 놀라게 했다.

어느덧 왕자가 아무 소식 없이 사라진 지 1년이 지났다. 왕은 아들이 이미 죽었을 거라고 생각하게 되었다. 그러자 며느리 될 여인을 차지하고 싶다는 탐욕이 고개를 들었다. 왕은 의회를 소집해 이 일에 대해 물었다. 의원들은 모두 그것이 허용될 수 있는 일이라며 동의했다. 오직 과부의 아들만이 끝까지 반대했다. 그럼에도 왕은 뜻을 굽히지 않고 혼례를 준비했다. 그런데 예식이 시작되기 전, 의원들이 신부를 보겠다고 나섰다. 그때 흑인 거인이 단호히 그들을 막아섰다.

바로 그때, 먼 나라에 머물던 왕자가 평민 차림으로 돌아왔다. 성문 앞에서 모든 사정을 들은 왕자는 곧장 궁으로 달려가 거인에게 달려들었다. 두 사람은 칼을 맞대며 싸우는 척했다. 창문으로 이 광경을 내다보던 식인귀의 누이는 왕자를 알아보고 꾀를 냈다. 그녀는 피가 가득한 창자를 거인의 목에 걸었다. 왕자는 그 틈을 타 거인을 베어 쓰러뜨렸다. 피가 터져 나와 거인이 죽은 듯 보이자, 모두가 환호성을 질렀다.

왕자는 혼란을 틈타 궁 안으로 들어가 경비병들에게 자신을 밝히고, 의원들을 모두 들여보내게 했다. 그러나 방 안으로 들어간 의원들은 하나하나 붙잡혀 성벽 아래로 내던져졌다. 왕자는 아버지의 부당한 혼인을 찬성한 자들을 모조리 처단했다. 오직 과부의 아들만이 끝까지 반대했다는 것을 알게 되자, 왕자는 그를 불러 감사를 표하고 벗으로 삼았다. 왕은 크게 부끄러워하면서 사건은 마무리되었다.

마침내 왕자와 식인귀의 누이는 혼례를 올렸다. 잔치는 일주일간 밤낮으로 이어졌다.

두 아이

옛날에 한 남자가 아내와 함께 두 아이를 키우며 살고 있었다. 그는 날마다 자고새 두 마리를 잡아 왔다. 그러던 어느 날, 아내가 말했다.

"두 마리로는 부족해요. 아이들을 없애버려야 해요."

남자는 아이들 없이 살 수 없었지만, 아내의 말을 거스를 수도 없었다. 그래서 이렇게 대답했다.

"알겠소. 아이들을 잃어버렸다고 여기겠소."

그는 딸을 암소의 여물통에, 아들을 황소의 여물통에 몰래 숨겨 두었다. 그리고 밥때가 되면 이렇게 불렀다.

"어디 있느냐, 내 딸 '파티마'야?"

그러면 딸이 나왔다.

"어디 있느냐, 내 아들 '무함마드'야?"

그러면 아들이 나왔다.

이 사실을 알게 된 아내는 몹시 화를 내며, 자고새 다리로 남편을 사정없이 때려 눈이 멀게 해버렸다.

"내가 애들을 없애라고 했죠, 그런데 이렇게 바로 곁에 숨겨 두다니!"

그리고 다시 소리쳤다.

"반드시 아이들을 없애라고요!"

남자는 아이들을 숲속 깊은 곳으로 데려가 큰 바위 위에 버려두었다. 그리고 속에 도마뱀을 넣은 호박을 매달아 주며 말했다.

"이 도마뱀이 움직일 때마다, 아버지가 오는 줄 알아라."

아이들은 그곳에서 오래도록 아버지를 기다렸다. 호박 속에서 도마뱀이 조금만 움직여도 기뻐하며 이렇게 말했다.

"아버지 오신다!"

며칠이 흘렀다. 밤이 가고 낮이 오고, 또 밤이 가고 낮이 오기를 반복했지만, 아버지는 돌아오지 않았다. 배가 고파 견딜 수 없게 되자 누이가 오빠에게 물었다.

"이제 어떻게 하지?"

그러자 오빠가 말했다.

"이렇게 외쳐 보자. '솟아올라라, 솟아올라라, 바위야! 우리는 길 잃은 고아라네!' 무슨 일이 일어나는지 보자."

배가 고픈 두 아이는 함께 외쳤다.

"솟아올라라, 솟아올라라, 바위야! 우린 길 잃은 고아라네!"

그러자 바위가 솟아오르더니, 그 위에는 쿠스쿠스 한 그릇이 놓여 있었다. 그 안에는 뼈 한 조각과 파리 한 마리도 있었다. 이윽고 어디선가 목소리가 들려왔다.

"먹을 때 뼈는 부러뜨리지 말고, 파리도 버리지 말거라!"

아이들은 그 말대로 했다. 배가 고플 때마다 같은 주문을 외우면 음식이 나타났고, 그들은 늘 뼈를 부러뜨리지 않았고 파리도 버리지 않았다.

그러던 어느 날, 오빠가 누이에게 말했다.

"이번에는 뼈를 부러뜨리고 파리도 버려 보자."

그렇게 했더니, 다음번에 주문을 외워도 바위는 더 이상 솟아오르지 않았다. 이제 아무것도 얻을 수 없었고, 아이들은 굶주리게 되었다. 밤이 되자 오빠가 말했다.

"먹을 것을 찾으러 나가봐야겠어."

누이는 따라가겠다고 했지만, 오빠는 거절했다. 누이는 얌전히 따르는 척했지만, 오빠가 잠든 사이 자기 베일 끝을 오빠의 셔츠 끝에 묶어 두었다. 잠시 뒤 오빠가 깨어나 움직이자, 누이도 곧바로 눈을 뜨고 말했다.

"나도 같이 갈래! 끝까지 따라갈 거야!"

두 아이는 숲을 헤매다 멀리 불빛을 발견했다. 그곳은 외눈박이 마녀의 동굴이었다. 마녀는 염소 가죽 부대에 우유를 붓고, 수프처럼 걸쭉한 죽을 끓이고 있었다. 오빠는 살짝 다가가, 셔츠 안에 죽을 조금 퍼 담아왔다. 며칠 뒤 누이는 오빠에게 말했다.

"나도 그 마녀를 보고 싶어!"

오빠는 말렸다

"안 돼, 넌 분명히 웃을 거야."

"아니야, 안 웃어."

"웃게 될걸."

"아니라니까!"

결국 둘은 함께 가기로 했다. 마녀의 집에 가까이 다가가자, 마녀가 중얼거리는 소리가 들렸다.

"두그슐 두안니즈, 두그슐 두인디즈…"

그것은 우유 부대에서 나는 철썩철썩 소리를 흉내 내는 소리였다. 그 소리를 들은 누이는 웃음을 터뜨리고 말았다. 마녀는 아이들을 발견하고 잡아 가두었다.

"잘 먹여 살찌운 뒤에 잡아먹을 테다!"

마녀는 아이들을 아몬드가 가득한 방에 가두고, 틈만 나면 손톱을 살펴보며 살이 쪘는지 확인했다. 드디어 마녀가 말했다.

"이제 너희를 잡아먹겠다!"

하지만 아이들은 그녀의 남편이 언제 돌아오는지 알고 있었다. 남편은 매일 저녁, 가축을 몰고 돌아와 창문 쪽에서 이렇게 말했다.

"내 빵이요, 내 빵, 오, '음바르카' 아주머니!"

그러면 마녀는 빵을 하나 던져 주었고, 그제야 문이 열렸다.

남편이 집을 비운 사이, 마녀는 아이들에게 말했다.

"자, 오늘은 축젯날이니 화덕에 불을 지펴라. 빵을 구워야지."

그 전에 오빠는 누이에게 귀띔해 두었다.

"만약 마녀가 너한테 화덕에 불을 붙일 바람을 불어넣으라고 하면 이렇게 대답해. '아니에요, 우리 엄마는 저한테 빗자루질하고 물 길어오는 것만 가르쳐주셨어요!'라고."

마녀가 오빠를 불러 말했다.

"얘야, 화덕에 불이 잘 붙게 바람을 불어 넣어라!"

오빠가 대답했다.

"저는 그런 것을 할 줄 몰라요. 나무하러 가거나 양을 돌보는 일밖에 못 해요."

그러자 마녀가 말했다.

"그럼, 기다려라. 내가 직접 불어주마."

마녀가 불 앞에 앉아 후후 세게 바람을 불고 있을 때, 아이들은 잽싸게 그녀를 밀어 넣어 불 속으로 떨어뜨렸다. 마녀가 소리쳤다.

"아이고, 아이고! 물을 부어라, 물 좀 부어라, 이 녀석들아!"

소녀는 황급히 물통을 들고 와 부어주려 했지만, 오빠가 그것을 빼앗아 여동생에게 쏟아부었다. 마침내 마녀는 끈적끈적하고 뜨거운 타르를 뒤집어쓰고 완전히 불타버렸다. 그 다음 오빠와 누이는 쟁기를 불 속에 넣어 시뻘겋게 달궜다. 잠시 후, 마녀 남편이 돌아왔다. 그는 늘 하던 대로 창가에서 외쳤다.

"내 빵이요, 내 빵, 음바르크카 아주머니!"

아이들은 시뻘겋게 달군 쟁기를 그의 입속에 던져 넣어, 그 자리에서 죽였다

그렇게 해서 마녀의 집과 가축 떼는 오누이의 것이 되었다. 그 후, 오빠는 말을 타고 목동이 되었고, 누이는 집안일을 하며 살았다.

어느 날 누이가 지붕 위에 올라가 머리를 빗고 있었는데, 멀리서 기병 하나가 그녀를 보고 다가왔다.

"물 한 모금만 주시오."

"드릴 물이 없어요."

"그럼, 머리에 물을 부은 뒤 머리카락을 늘어뜨려 나한테 내려줘요."

누이는 머리에 물을 끼얹고 머리카락을 늘어뜨렸다. 그러자 그 기병은 머리카락을 타고 올라와 그녀를 낚아채 갔다. 오빠가 돌아와 동생을 불렀으나 대답이 없었다. 그는 양 떼를 몰고 와 한 마리씩 문을 들이받게 했다. 힘센 양들은 문을 부수지 못했지만, 홀쭉한 양 한 마리가 마침내 문을 부쉈다. 그러나 여동생은 어디에도 없었다. 오빠는 짐을 싸서 여동생을 찾으러 떠났다. 그는 금으로 된 팽이와 금동이, 금지팡이를 챙겼다.

오빠는 길을 가다 당나귀 발굽으로 물을 긷고 있는 여자들을 만났다.

"저에게 물 한 모금만 주십시오."

하지만 대부분은 이렇게 말하며 거절했다.

"안 돼요, 우리 발굽을 깨뜨릴 거잖아요."

그런데 단 한 여인만이 그에게 물을 건넸다. 그는 다 마시고 나서 그녀의 발굽을 일부러 깨뜨렸다. 다른 여자들이 비웃었으나, 그는 금으로 된 물동이를 내주며 은혜를 갚았다. 그러자 모두가 물을 주려 다가왔지만, 오빠는 정중히 사양했다. 계속 길을 가던 오빠는 아이들 무리를 만났다. 아이들은 막대기 던지기 놀이를 하고 있었다.

"나도 같이 해도 되니?"

"안 돼요, 막대기를 부러뜨릴 거잖아요."

하지만 한 아이가 자기 막대기를 내주었다. 오빠는 그것을 던져 다른 막대기와 부딪쳐 산산이 부러뜨렸다. 아이들이 조롱했지만, 그는 금으로 된 지팡이를 내어 그 아이에게 주었다. 나머지 아이들이 자기 것도 가지라며 내밀었지만, 그는 거절했다. 이번에는 팽이 놀이를 하는 다른 아이들을 만났다. 역시 한 아이만 자기 팽이를 내주었고, 오빠는 그 팽이를 부쉈다. 다른 아이들이 놀리자, 그는 금으로 된 팽이를 은혜를 베푼 아이에게만 내주었다. 집으로 돌아간 아이들이 이 이야기를 어머니에게 하자, 한 여인이 속으로 생각했다.

"그 사람이 혹시 내 오라버니일지도 몰라."

그녀는 아이들에게 그를 자기 집으로 데려오게 했다. 남자가 와서 지난 일을 이야기하자, 그녀는 확신했다. 그는 바로 자신의 오빠였다. 그래서 함께 살자고 청했다.

그 후, 왕이자 그녀의 남편이 오빠에게 말했다.

"그대는 내 처남이니 내 머리를 빗겨 주시오. 단, 내게 뿔이 날렀나는 걸 아무에게도 말하지 마시오."

하지만 오빠는 비밀을 지킬 수가 없었다. 결국 사막의 오래된 우물가로 가서 물을 길으며 소리쳤다.

"사막의 우물아, 사막의 우물아! 왕에게는 뿔이 달렸다!"

그가 외칠 때 침 몇 방울이 땅에 떨어졌고, 그 자리에서 갈대가 돋아났다. 그리고 지금도 목동들은 그 갈대로 피리를 분다. 피리에서는 늘 같은 소리가 흘러나온다.

"사막의 우물아, 사막의 우물아! 왕에게는 뿔이 달렸다!"

즈라이파와 메르텔리크 자매

옛날에 두 자매가 있었는데, 언니 이름은 '즈라이파', 동생은 '메르텔리크'였다. 두 자매에게는 어머니가 없었다. 아버지는 성지순례를 떠나고 싶었지만, 집 열쇠를 누구에게 맡겨야 할지 몰랐다. 딸들이 미덥지 못했기 때문이다. 그는 오래 고민하다가, 현자인 '프키'에게 찾아가 물었다.

"제게는 딸이 둘 있습니다. 즈라이파와 메르텔리크인데, 도통 믿음이 가지 않습니다. 열쇠를 누구에게 맡겨야 좋을까요?"

프키가 대답했다.

"딸들에게 '달걀이 있느냐?'라고 물어보시오. 그리고 대답을 나에게 알려주시오."

아버지는 집으로 돌아와 즈라이파를 불렀다.

"달걀이 있느냐?"

즈라이파가 대답했다.

"네, 아버지. 있지만 닭장에 두어 닭이 알을 품도록 하겠어요."

그는 다시 메르텔리크를 불렀다.

"달걀이 있느냐?"

메르텔리크가 대답했다.

"네, 아버지. 그걸 삶아 먹어야죠."

아버지는 이 대답을 프키에게 전했다. 그러자 프키가 말했다.

"그렇다면 열쇠는 즈라이파에게 맡기시오."

아버지는 성지순례를 떠나면서 두 딸에게 당부했다.

"아무도 집 안에 들이지 말아라."

그런데 하루는 메르텔리크가 집 밖으로 나가 놀다가, 우연히 어떤 집에서 식인귀가 나오는 것을 보았다. 식인귀는 메르텔리크와 이야기를 나누었지만, 바로 잡아먹을 방도는 찾지 못했다. 대신 이렇게 말했다.

"저기, 이 재를 가져다가 우리 집 앞에서부터 네 집까지 길을 만들어라."

메르텔리크는 그대로 따라 했다. 집에 돌아와 언니에게 그 일을 이야기했더니, 즈라이파가 말했다.

"큰일 났다! 우리를 잡아먹으려는 게 틀림없어. 조심해야 해."

정말로 식인귀가 찾아왔다. 즈라이파는 빵을 굽고 있었다. 자매는 식인귀와 저녁을 함께 먹고 잠자리에 들었다. 그런데 한밤중에 식인귀가 일어나 메르텔리크를 잡아먹으려 했다. 메르텔리크는 비명을 질렀다. 즈라이파가 깨어나 도끼를 집어 식인귀를 내리쳤고, 그 자리에서 죽여 버렸다.

얼마 뒤 아버지가 순례를 마치고 집으로 돌아왔다. 즈라이파는 그간의 일을 모두 이야기했다. 그제야 아버지는 즈라이파가 메르텔리크보다 훨씬 더 슬기로운 딸이라는 사실을 알게 되었다.

유령이 나오는 정원

어떤 부유한 남자에게 두 딸이 있었다. 총독의 아들은 큰딸에게, 법관의 아들은 작은딸에게 청혼했다. 하지만 아버지는 두 딸이 원했음에도 결혼을 허락하지 않았다.

그의 집에는 큰 정원이 있었다. 밤이 되면 딸들은 정원 깊숙한 곳으로 가고, 청년들이 찾아와 함께 이야기를 나누곤 했다. 어느 날 밤, 아버지가 그 모습을 보게 되었다. 다음 날 아침, 그는 두 딸의 목을 베어 죽이고 정원에 묻은 뒤 순례길에 올랐다.

그 후로 시간이 흘렀다. 어느 날 밤, 총독의 아들과 법관의 아들이 젊은 악사에게 말했다.

"우리에게 딸을 주지 않던 그자의 정원에 가자. 거기서 연주를 해줘."

그들은 그날 밤 정원에서 만나기로 약속했다. 악사는 먼저 도착해 연주를 시작했지만, 두 청년은 나타나지 않았다. 그는 혼자 계속 연주했다. 한밤중이 되자, 두 개의 등불이 나타났고, 그 불빛 아래에서 두 소녀가 땅속에서 나왔다. 소녀들은 말했다.

"우리는 자매예요. 이 정원 주인의 딸입니다. 아버지가 우리를 죽이고 여기에 묻었어요. 오늘 밤 당신은 우리의 오라버니예요. 아버지가 묻어두었던 돈을 줄게요. 항아리 세 개에 나눠 담아 두었어요. 여기 땅을 파보세요."

악사는 시키는 대로 했다. 그러자 정말 세 개의 항아리가 나왔다. 악사는 항아리를 가지고 돌아가 부자가 되었다. 두 자매는 다시 무덤으로 돌아갔다.

여인과 요정

'움 할리마'라는 여인이 있었다. 어느 날, 그녀는 빨래하려고 혼자 오래된 샘으로 갔다. 그녀가 막 빨래를 시작하려던 참에, 한 여인이 나타나 이렇게 말했다.

"우리 친구가 되자. 그리고 약속하자. 이 샘에 올 때마다 헤나와 향료를 가져와 줘. 그걸 이 샘에 던져 주면, 내가 샘에서 나와서 너에게 돈을 줄게."

'부셈군'에 사는 움 할리마는 그 뒤로 매일 샘으로 향했고, 그 여인도 매번 동전을 건넸다. 원래 가난했던 움 할리마는 요정과 인연을 맺은 뒤 갑자기 부자가 되었다. 사람들은 그녀가 어떻게 그렇게 빨리 부자가 되었는지 궁금해했다.

마침, 부유한 지주가 있었는데, 사람들은 그를 '물레이 이스마일'이라고 불렀다. 사람들은 움 할리마에게 말했다.

"너는 물레이 이스마일의 정부잖아. 그가 너에게 돈을 주는 거겠지."

그러자 그녀는 단호히 말했다.

"아니에요. 나는 그의 여자가 된 적 없어요."

어느 날, 그녀는 다시 샘에 몸을 씻으러 갔다. 사람들은 그녀를 몰래 따라갔다. 샘에 도착하자 요정이 그녀를 맞이했고, 돈을 건넸다. 그러나 사람들에게 모습을 보인 그날 이후로 요정은 다시는 나타나지 않았다.

하메드 벤 세가드 이야기

어느 도시에 '하메드 벤 세가드'라는 남자가 살고 있었다. 그는 어머니와 단둘이 살았으며, 가진 것이라고는 사냥 기술뿐이었다. 어느 날, 도시 사람들은 왕에게 말했다.

"하메드 벤 세가드는 폐하보다 뛰어납니다."

왕은 화를 내며 물었다.

"왜 그런 말을 하는 것이냐? 이유를 말하지 않으면 목을 베겠다."

사람들은 대답했다.

"그는 새 고기만 먹습니다. 그러니 폐하보다 더 훌륭한 음식을 먹는 셈이지요."

왕은 하메드를 불러 말했다.

"이제부터 너는 나를 위해 사냥을 해라. 그 대신 너와 네 어머니의 식사는 내가 책임지겠다."

그 후 하메드는 날마다 왕에게 사냥감을 가져다주었고, 왕은 그를 크게 총애했다. 이것을 질투한 사람들은 다시 왕에게 찾아가 말했다.

"하메드는 용감한 자입니다. 아마 산호 나무와 괴물이 지키는 종려나무까지도 가져올 수 있을 겁니다."

왕은 하메드에게 말했다.

"무섭지 않다면 산호 나무와 괴물이 지키는 종려나무를 가져오너라."

"알겠습니다."

하메드는 대답했다. 그리고 다음 날, 몇 사람을 데리고 떠났다. 목적지에 도착하자 그는 들짐승들을 다 죽이고, 산호나무와 종려나무를 베서 사람들 어깨에 실어 돌아왔다. 왕은 그 재료들로 산호 궁전을 세웠다.

그가 하는 일마다 성공하자, 사람들은 또다시 왕에게 말했다.

"그렇게 모든 일을 해내는 사람이라면, 은 장신구를 지닌 여인도 데려올 수 있을 것입니다."

왕은 그 말대로 하메드에게 명했다.

"그 여인을 데려오너라."

하메드는 답했다.

"그 일은 쉽지 않지만 해 보겠습니다."

그는 길을 떠났고, 어느 들판에서 한 남자를 만났다. 남자는 양을 치면서 목에 맷돌을 걸고 피리를 불고 있었다. 하메드는 생각했다.

"맙소사, 나는 작은 돌 하나도 못 드는데 저 사람은 맷돌을 걸고 다니잖아!"

그때 목동이 말했다.

"당신은 산호 궁전을 지은 하메드 벤 세가드 아닌가요?"

하메드는 놀라 물었다.

"그걸 어떻게 알았소?"

"하늘을 나는 새가 내게 말해줬어요. 저도 함께 가겠습니다."

하메드는 받아들였고, 목동이 맷돌을 내려놓자, 그가 몰던 양 떼는 돌로 변해버렸다.

길을 가던 중, 그들은 눈밭에서 벌거벗은 채로 뒹굴고 있는 한 남자를 보았다. 그들은 말했다.

"우리도 이렇게 추운데, 저 사람은 눈 속에서 저러고도 멀쩡하잖아!"

그 남자도 말했다.

"당신은 산호 궁전을 지은 하메드 벤 세가드군요."

"그걸 어떻게 알았소?"

"하늘을 나는 새가 말해줬습니다. 저도 따라가겠습니다."

하메드는 그를 받아들였다.

다음에는 귀가 아주 긴 남자를 만났다. 그들은 감탄하며 말했다.

"우리는 작은 귀를 가졌는데 저 사람 귀는 어마어마하네."

귀가 긴 남자가 말했다.

"신께서 이렇게 창조하신 거요. 저도 당신을 따라가고 싶습니다. 당신은 하메드 벤 세가드잖소."

하메드 벤 세가드는 그렇게 세 사람과 함께 마침내 은 장신구를 지닌 여인이 사는 집에 도착했다. 하메드는 그 집 사람들에게 말했다.

"우리는 저 여인을 데려가려 합니다."

그녀의 식인귀 형제들은 대답했다.

"좋아."

그들은 소 한 마리를 잡은 다음, 받침대에 올려서 들었다. 이 작업엔 무려 아흔아홉 명의 남자가 달라붙었다. 식인귀 형제들이 하메드에게 말했다.

"너희 중 한 명이 이 받침대를 옮겨봐라."

그러자 맷돌을 들던 남자가 나섰다.

"제가 옮기겠습니다."

그는 받침대를 번쩍 땅에 내려놓았다.

그러고 나니 식인귀 형제들은 소고기와 쿠스쿠스를 주며 말했다.

"모조리 먹어라."

하메드 일행은 조금 먹고, 귀가 긴 사내가 나머지를 몰래 숨겼다. 식인귀들은 다시 말했다.

"이제 너희 중 한 명이, 가는데 이틀 걸리는 눈 덮인 산꼭대기에 있는 나뭇가지를 가져와야 한다."

그러자 눈에서 뒹굴던 남자가 가지를 가져왔다. 식인귀들은 마지막으로 말했다.

"마지막 시험이다. 하늘을 나는 자고새 한 마리를 명중시켜라."

하메드는 자고새를 맞혀 쓰러뜨렸다. 그러자 식인귀들은 여인을 넘겨주었다. 떠나기 전, 식인귀 형제들은 누이에게 깃털 하나를 주며 말했다.

"만약 누군가가 네 뜻에 어긋나는 일을 하려고 하면, 이 깃털을 불에 던지렴. 우리가 즉시 달려갈게."

하메드는 여인과 함께 도시로 돌아왔다. 그런데 사람들은 그 여인에게 말했다.

"늙은 왕이 너와 결혼하려 한단다."

그녀는 깃털을 불에 던지며 단호히 말했다.

"늙은이는 내 남편이 될 수 없어."

그 순간, 그녀의 식인귀 형제들이 나타나 도시 사람들과 왕을 모두 죽였고, 여인은 하메드 벤 세가드의 아내가 되었다.

마법의 수건

어느 날, 한 마법사가 사람들에게 외쳤다.

"금화 백 닢에 자신을 팔 사람 있소?"

그러자 한 남자가 나서서 자신을 팔겠다고 했다. 마법사는 그를 법관 앞에 데려가서 계약서를 쓰게 했다. 남자는 백 닢을 받아 어머니에게 주고 마법사와 함께 떠났다. 그들이 어떤 곳에 도착하자 마법사는 주문을 외웠다. 그러자 땅이 열렸고, 마법사는 남자를 그 틈으로 들여보내며 말했다.

"그 안에서 램프와 갈대 촛대, 상자를 가져와라."

남자는 그중 상자만 챙겨 주머니에 넣고 나왔다. 마법사가 물었다.

"상자는 어디 있느냐?"

남자가 대답했다.

"못 찾았소."

마법사가 말했다.

"맙소사, 그럼 그냥 가자."

마법사는 남자를 산으로 데려가 그에게 돌멩이 하나를 던지고는 혼자 떠나버렸다. 남자는 사흘 동안 그 자리에 꼼짝없이 남겨졌다.

정신을 차린 남자는 고향으로 돌아와 집 한 채를 빌렸다. 그는 주머니에서 상자를 꺼내 열었다. 그 안에는 일곱 겹으로 접힌 비단 수건이 한 장 있었다. 그가 한 겹을 펼치자,

방 안으로 정령들이 몰려들었고, 한 소녀가 밤새 춤을 추었다. 남자는 날이 샐 때까지 종일 그 방에 머물렀다.

그날 밤, 왕이 궁 밖으로 외출했다가, 춤과 음악 소리에 이끌려 문을 두드렸다. 남자는 왕과 대신을 집 안으로 모셨고, 붉은 베일을 두른 여인이 극진히 모셨다. 왕은 밤새 즐기다 아침에 궁으로 돌아갔다.

다음 날, 대신은 그 남자를 불러 말했다.

"네 집에 있는 그 상자를 가져오너라."

남자는 상자를 가져와 왕에게 바쳤다. 왕은 말했다.

"이걸 내게 주게. 내가 이것으로 즐기고 싶구나. 대신, 내 딸을 그대와 결혼시키겠네."

남자는 그대로 따랐고, 공주와 결혼했다. 왕은 그 상자로 즐거움을 누렸다. 얼마 후 왕이 죽자, 사위가 된 남자는 왕위를 물려받았다.

아이와 정령의 왕

어떤 성직자가 두 명의 꾸란 학생을 가르치고 있었다. 어느 날, 그중 한 학생에게 고기와 쿠스쿠스가 배달되었다.

그때 정령이 나타나 그 아이를 납치해 갔다. 어딘가 도착하자, 정령은 아이를 자기들 세계에 데려가 가르침을 주었다.

그러던 어느 날 아이가 울기 시작했다. 정령의 왕이 물었다.

"왜 우느냐?"

"아버지와 어머니가 보고 싶어서 울어요. 더는 여기에 있고 싶지 않아요."

그러자 왕은 정령들에게 물었다.

"누가 이 아이를 데려다주겠느냐?"

한 정령이 답했다.

"제가 데려가겠습니다. 하지만 어떻게 데려가야 하죠?"

왕이 말했다.

"그 아이의 귀를 양털로 막아라. 주님을 찬미하는 천사들의 소리를 듣지 못하게 하라."

그러나 집으로 돌아가던 중 어느 곳에 이르자, 아이는 천사들이 찬양하는 소리를 들었다. 아이도 따라서 천사들과 함께 찬양했다. 그러자 집으로 인도하던 정령은 아이를 놓쳤다. 아이는 그 자리에서 사흘 동안 깨어나지 못했다.

정신을 차린 아이는 길을 떠났다. 먼저, 한 마리 암캐가

자고 있었고, 그 배 속에서 강아지들이 짖고 있었다. 아이는 다시 길을 걸었다. 이번에는 파리떼가 뒤덮인 암탕나귀를 보았다. 조금 더 가자, 나무 두 그루가 있었고, 푸른 새 한 마리가 그사이를 날아다니며 노래했다. 아이는 은으로 된 바닥, 금으로 된 천장, 하얀 물이 흐르는 샘도 발견했다. 또 길을 걷다 보니 밀없이 서 있는 한 남자를 만났는데, 그 남자는 사흘째 아무 말도 하지 않고 있었다.

그러다 아이는 알라의 보호를 받는 어떤 도시에 도착했다. 그곳은 아무도 들어갈 수 없는 곳이었다. 아이는 지혜로운 남자를 만나 말했다.

"물어보고 싶은 게 있어요."

"무엇을 묻고 싶은가?"

"배 속에서 강아지들이 짖고 있는데도 잠들어 있는 암캐를 보았어요."

"그건 세상일의 비유다. 노인은 부끄러워서 말하지 않는 것이다."

"파리떼로 뒤덮인 암탕나귀도 보았어요."

"그건 주님의 '고그'와 '마고스', 그리고 적그리스도를 뜻한다."

"두 나무 사이를 날아다니며 노래하는 푸른 새도 봤어요."

"두 아내를 둔 남자의 비유다. 한쪽과 말하면 다른 쪽이 질투한다."

"은 바닥과 금 천장, 흰 물이 흐르는 샘을 보았어요."

"그건 생명의 샘이다. 그 물을 마신 자는 죽지 않는다."

"사흘 동안 말없이 기도하는 사람도 봤어요."

"그는 이 세상에서 단 한 번도 기도하지 않았던 자다. 이제야 기도하고 있다."

아이는 말했다.

"이제 부모님께 돌아가고 싶어요."

노인은 옅은 구름 하나를 보더니 말했다.

"이 인간 아이를 이집트로 데려가거라."

구름은 아이를 태우고 부모가 있는 곳으로 데려다주었다.

요정과 꾸란 학생들

‘수스’ 지방, ‘우아르젬미멘’이라는 마을에 형제인 꾸란 학생 두 명이 살고 있었다. 그중 한 명이 마법 주문을 익히겠다며 길을 떠나, ‘가르브’ 지방 ‘타지야’에 이르렀다. 그곳은 ‘눌레이 압느 에스살람’ 근처, ‘이이트 아루스’ 부족의 땅이었다. 어느 날, 몇 사람이 그에게 말했다.

“저기 보물 있는 곳이 있어. 같이 가자.”

그는 사람들과 함께 갔다. 현장에 도착한 그는 주문을 외웠다. 그러자 갑자기 요정이 튀어나왔고, 하늘과 땅이 동시에 흔들렸다. 그는 놀라 숨을 죽였지만, 요정은 그를 죽이고 말았다.

이 소식은 고향에 있는 그의 형에게 전해졌다. 형은 복수를 결심했다.

“내 동생을 죽인 요정을 반드시 잡고야 말겠다.”

형은 이 마을 저 마을을 돌며 수소문했고, 마침내 동생이 죽은 장소에 도착했다. 그도 역시 주문을 외우니, 요정이 다시 모습을 드러냈다. 이번에는 요정을 재빨리 붙잡아 잉크병 속에 가뒀다.

그는 요정을 데리고 고향 우아르젬미멘으로 돌아왔다. 이제 요정은 그의 집에서, 그의 뜻대로 움직여야 했다. 그는 요정에게 쇠도끼를 쥐여주고, 가시덤불과 아르간 나무를 베라고 시켰다. 요정은 그렇게 평생 일만 하다 죽었다.

식인귀와 두 아내

옛날에 한 남자가 두 아내와 살고 있었다. 한 명은 슬기롭고, 한 명은 어리석었다.

어느 날, 두 아내가 콩을 따러 밭에 나갔다. 콩을 싣고 오려고 당나귀도 함께 데려갔다. 그러다 식인귀의 밭까지 들어가고 말았다. 식인귀는 이들을 몰래 지켜보다 당나귀를 훔쳤다. 그리고는 당나귀를 잡아 죽이고, 두 여자를 저녁 식사에 초대했다.

아내들이 식인귀의 집에 가자, 식인귀는 당나귀 고기를 요리해 내놓았다. 슬기로운 아내는 그 고기의 정체를 눈치챘지만, 어리석은 아내는 아무것도 모르고 잘 먹었다. 슬기로운 아내는 먹는 척하며 자기 몫을 자리 밑에 몰래 숨겼다. 식사가 끝나자 식인귀가 말했다.

"이제 아까 먹은 걸 내놓아라."

슬기로운 아내는 조용히 자리 밑에서 고기를 꺼내 보여주며 말했다.

"할아버지, 이게 제 몫입니다. 전 먹지 않았어요."

하지만 어리석은 아내는 화를 냈다.

"아니, 할아버지! 당신이 우리한테 고기를 줘놓고 왜 지금 와서 돌려내라 하세요?"

식인귀는 어리석은 아내를 잡아먹었다. 그리고 슬기로운 아내는 무사히 집으로 돌아가게 해주었다.

일곱 형제

옛날에 어떤 남자에게 일곱 명의 아들이 있었다. 형제들은 각자 말 한 필, 총 한 자루, 권총 한 자루씩을 들고 사냥하러 다녔다. 어느 날, 그들의 어머니가 아이를 갖게 되었다. 형제들은 아버지에게 말했다.

"이번에 태어나는 아이가 여자애면 집에 남겠지만, 남자애면 우리는 떠나겠습니다."

마침내 아이가 태어났는데, 아들이었다. 형제들은 말을 타고 집을 떠났다. 마른 빵과 물, 약간의 음식을 챙겨 나섰다. 길을 걷다 큰 나무 아래 도착해서 빵을 나눠 먹었다. 다음 날, 다시 길을 나섰고, 얼마 지나 우물에 도착했다. 그때, 형들 가운데 누군가 속삭였다.

"저 막내를 우물에 집어넣자."

그들은 뜻을 모아 막내를 우물로 내려가게 한 뒤, 그대로 떠나버렸다. 막내는 깊은 우물 속에 혼자 남겨졌다.

며칠이 지나, 마침 근처를 지나던 카라반이 우물에 물을 뜨러 왔다. 사람들은 우물 아래서 이상한 인기척을 느꼈다.

"잠깐만, 뭔가 있어."

그들은 밧줄을 내렸고, 막내는 그것을 붙잡고 올라왔다. 그는 얼굴이 검게 그을려, 흑인처럼 변해 있었다. 사람들은 그를 노예처럼 팔아넘겼다. 막내는 새 주인의 집에서 한 달쯤 지내며 다시 눈처럼 하얗게 돌아왔다.

어느 날, 막내가 마음에 들었던 주인의 아내가 말했다.

“우리 함께 도망쳐요.”

막내는 단호하게 말했다.

“그럴 수 없어요.”

그날 밤, 주인이 돌아와 물었다.

“그 흑인은 뭐 하고 있나?”

아내는 말했다.

“팔아버리세요.”

그러자 주인은 막내에게 말했다.

“넌 이제 자유다. 마음대로 하라.”

막내는 그 집을 떠나 다른 도시에 도착했다. 거기에는 샘물이 있었는데, 그 안에는 무서운 뱀이 살고 있었다. 샘물에서 물을 뜨려면, 매번 여자 한 명을 뱀에게 바쳐야 했다. 마침 그날은 공주의 차례였다. 막내는 공주가 울고 있는 것을 보고 물었다.

“왜 우세요?”

“오늘 제가 뱀에게 잡아먹히는 날이에요.”

“괜찮아요. 신께서 허락하신다면, 제가 그 뱀을 해치우겠어요.”

공주는 샘 안으로 들어갔고, 뱀이 머리를 내밀자 막내는 곤봉으로 한 방에 뱀을 날려버렸다. 다른 머리가 나와도 똑같이 해치웠다. 마침내 뱀은 죽었다. 도시 사람들은 모두 나와 샘에서 물을 길었다. 왕이 물었다.

"누가 이렇게 했느냐?"

사람들이 말했다.

"어제 도착한 저 이방인입니다."

왕은 그를 궁으로 불렀다.

"네가 뱀을 죽였느냐?"

"네, 제가 그랬습니다."

왕은 공주와 막내를 결혼시키고, 그를 장군으로 삼았다. 혼인 잔치는 일주일 내내 이어졌다.

경이로운 새와 유대인

가진 것이 아무것도 없는 나무꾼이 있었다.

어느 날, 그는 새 한 마리를 잡아 새장에 가두었다. 다음 날, 아들이 새장에서 루비 하나를 발견했다. 나무꾼은 그것을 내다 팔았다. 그 뒤로 매일 루비가 생겼고, 나무꾼은 그것을 팔아 점점 부자가 되었다.

그러던 어느 날, 나무꾼은 아내와 아이 둘을 집에 남겨둔 채 성지순례를 떠나 동방으로 향했다. 아내는 매일 루비 하나를 유대인에게 가져다주었다. 그러자 유대인이 말했다.

“그 새를 죽이고, 프라이팬을 하나 준비해 오시오.”

“좋아요, 당신이 그 새를 먹게 될 거예요.”

아내는 집에 돌아와 새를 죽였다. 그사이, 아이들이 모스크에서 돌아와 프라이팬에서 새의 머리와 심장을 발견했다. 한 아이는 머리를, 다른 아이는 심장을 먹었다. 어머니는 아이들을 때리며 말했다.

“왜 그걸 먹었니?”

화가 난 아이들은 집을 떠났다. 그 뒤 유대인이 와서 이렇게 말하고는 떠나버렸다.

“이제 다 무슨 소용이오?”

그 후 아이들의 어머니는 결국 유대교로 개종하여 다른 유대인과 결혼했다.

한편, 아이들은 고향을 떠났다. 그들은 물가를 지나다가 한 명이 말했다.

"이제 각자의 길을 가자."

그리하여 두 형제는 서로 다른 길로 떠나게 되었다.

그 무렵, 어느 나라의 왕이 죽으며 유언을 남겼다.

"성문 앞에 잠들어 있는 자를 데려와 왕으로 삼아라."

결국, 두 형제 중 한 명이 그 나라의 왕이 되었다. 어느 날 비둘기 세 마리가 왕이 된 아들에게 날아왔다. 왕이 물었다.

"너희는 누구냐?"

그들이 다가오자 왕은 말했다.

"날아가거라."

비둘기들은 서로 쳐다보더니 서쪽으로 날아갔다.

한편, 동방에서 순례를 마친 아버지가 집으로 돌아왔다. 하지만 그의 집은 이미 유대인의 소유가 되어 있었고, 아내는 유대교로 개종한 뒤였다. 아내는 말했다.

"이제 나는 무슬림이 아닙니다."

그러자 남편은 말했다.

"맙소사! 공정한 왕을 찾아갑시다."

그는 아내와 함께 공정한 왕이 있는 궁정으로 갔다. 왕 앞에서 그가 말했다.

"너는 내 아들이구나. 너의 어머니가 유대인이 되었단다."

왕은 말했다.

"맙소사, 우리가 반드시 따져 봐야겠습니다."

왕이 된 아들은 판결 내렸다.

"그 여자를 불태워 죽여라."

그러자 아랍인들이 몰려와 남편을 버리고 개종한 그녀를 화형에 처했다.

정령의 언덕

‘부셈군’ 지역의 ‘일라일라’ 언덕 한복판에는 우물이 하나 있다. 그곳에는 많은 정령이 살고 있는데, 그 언덕에 올라오는 사람들을 죽이고는 한다고 전해졌다.

어느 날, 한 남자가 사람들에게 말했다.

“내가 그 언덕에 올라가 보겠습니다. 여러분은 아래에서 기다려 주세요. 내가 무사히 내려올 때까지 말입니다.”

그가 언덕 위로 올라가자, 정령들이 그를 덮쳐 목을 졸랐다. 그는 숨이 막혀 죽어가면서도 외쳤다.

“있다! 있어! 정령들이 있어!”

베르베르어로 ‘일라, 일라’는 ‘있다’는 뜻이다.

아슬라의 보물

'수스' 지방에서 온 세 명의 남자가 '아슬라'에 도착했다. 어떤 사람이 그들을 집으로 데려가 식사를 대접했다. 그들은 식사를 마치자, 집주인에게 물었다.

"'군자이야'를 아시오?"

"알고 있습니다."

"그럼 우리와 함께 가시지요. 보물을 캐서, 상상할 수 없을 만큼 많이 드리겠습니다."

집주인은 그들과 함께 떠났다.

도착하자 세 남자는 주문을 외우기 시작했다. 동굴 입구로 들어가 보물이 있는 곳까지 가서, 노새 세 마리에 가득 실을 만큼의 보물을 꺼냈다. 동굴을 나올 때, 그들은 아슬라 남자에게 말했다.

"우리가 도착하면 바로 먹을 수 있도록, 가서 점심을 준비해 두시오."

아슬라의 남자는 먼저 떠나 염소 한 마리를 잡아 요리를 준비하고, 그들이 오기를 기다렸다. 하지만 아무리 기다려도 그들은 오지 않았다. 기다리던 아슬라의 남자는 그들을 찾아 나섰지만, 그 어디에서도 찾을 수 없었다.

그는 다시 아슬라 마을로 돌아와, 마을 사람들이 모인 자리에서 이렇게 말했다.

"이런 일을 당했습니다. 맹세컨대, 내 노새를 빌려준 값은

받아야겠습니다."

마을 사람들은 며칠 치 품삯을 받고 그와 함께 길을 나섰지만, 그들 모두가 그다음에 어떻게 되었는지는 알려지지 않았다.

반쪽 수탉 이야기

옛날에 어떤 남자가 두 아내와 살았다. 한 명은 총명했고, 다른 한 명은 어리석었다. 두 아내는 함께 닭 한 마리를 길렀다.

어느 날, 두 아내는 닭을 두고 다투다가 결국 반씩 나누기로 했다. 어리석은 아내는 자기 몫을 익혀 먹었다. 총명한 아내는 자기 몫을 살려 두었다. 그래서 날개 하나와 다리 하나가 있는 반쪽 수탉이 살아 있게 되었다.

며칠이 지나자, 반쪽 수탉이 주인에게 말했다.

"저를 위해 순례길 준비를 해주세요."

주인은 반쪽 수탉에게 순례길 음식을 챙겨 주었다. 반쪽 수탉은 이른 아침에 순례길에 올랐다. 한낮이 되자 지친 닭은 작은 시냇가로 내려가 쉬고 있었다. 그때, 자칼이 물을 마시러 다가왔다. 반쪽 수탉은 훽 뛰어올라 자칼의 등에 올라탔고, 등에서 털 하나를 뽑아 날개 밑에 숨겼다. 그리고 다시 길을 이어갔다.

날이 저물자, 반쪽 수탉은 나무 위에서 하룻밤을 보내기로 했다. 아직 충분히 쉬지도 못했는데, 이번에는 사자가 나무 근처를 지나갔다. 반쪽 수탉은 얼른 사자의 등에 뛰어올라 털을 하나 뽑아 자칼의 털과 함께 숨겼다.

이튿날 새벽, 다시 길을 나섰다. 숲 한가운데에 이르렀을 때, 멧돼지를 만났다. 반쪽 수탉이 말했다.

"동물의 왕인 사자와 가장 영리한 자칼이 저에게 등 털을 주었어요. 당신도 저에게 하나 주실래요?"

멧돼지가 대답했다.

"그들이 줬다면, 나도 마땅히 줘야지."

그는 등의 털 하나를 뽑아 반쪽 수탉에게 건넸다. 반쪽 수탉은 다시 길을 나서 어느 왕궁 앞에 도착했다. 그는 노래하며 이렇게 외쳤다.

"내일이면 왕이 죽고, 나는 왕비를 차지할 것이다!"

이 말을 들은 왕은 격분하여 하인들에게 명령했다.

"저 닭을 잡아서 염소와 양 우리에 던져라! 발에 밟혀 죽게 해라!"

하인들은 반쪽 수탉을 끌어다가 우리에 던져 넣었다. 반쪽 수탉은 자칼의 털을 꺼내 불에 던졌다. 털이 타자마자 자칼이 달려와 말했다.

"내 털을 왜 태우나? 냄새 맡고 달려왔다."

반쪽 수탉이 사정을 말했다.

"이 안에서 갇혀 죽게 생겼어요. 도와주세요."

자칼이 대답했다.

"그건 쉬운 일이지."

곧바로 자칼은 울부짖어 형제들을 불렀다. 자칼 형제들이 모이자 그가 말했다.

"저 닭은 내 털을 갖고 있어. 불에 태우려 하니 빨리 꺼내줘! 닭만 꺼내주면 털도 다시 찾을 수 있어."

자칼들은 즉시 달려들어 우리 안의 양과 염소를 모두 죽이고 반쪽 수탉을 구해냈다.

이튿날 왕은 우리 안의 양과 염소들이 모두 죽은 것을 보고 분노를 터뜨렸다. 그는 반쪽 수탉을 반드시 죽이겠다고 다짐하며 찾아 나섰지만, 아무리 찾아도 반쪽 수탉은 보이지 않았다.

그날 저녁, 반쪽 수탉은 전에 있던 자리로 돌아와 전과 같이 노래를 불렀다. 왕은 하인들을 불러 명령했다.

"이번에는 외양간에 던져서 소에게 밟혀 죽도록 하라!"

하인들이 반쪽 수탉을 붙잡아 외양간에 집어넣었다. 반쪽 수탉은 곧바로 사자의 털을 꺼내 불에 던졌다. 털 타는 냄새를 맡은 사자는 얼른 달려와 소리쳤다.

"왜 내 털을 태우는 거냐? 동굴에 있다가 냄새를 맡고 급히 달려왔다."

반쪽 수탉은 사정을 설명했다.

"이 소들한테 밟혀 죽게 생겼어요. 도와주세요."

사자는 포효하며 형제들을 불러 모았다.

"반쪽 수탉이 내 털을 갖고 있어. 내가 살아 있는 동안은 내 털이 타는 냄새를 맡고 싶지 않아. 어서 이 닭을 빼내 줘!"

사자의 형제들은 그 말을 따랐고, 곧바로 소를 모두 죽이고 반쪽 수탉을 구해냈다.

다음 날 아침, 왕은 소까지 모두 죽은 것을 보고 화가나 미칠 지경이었다.

"이번에는 반드시 내 손으로 죽이겠다!"

그는 하인들을 시켜 반쪽 수탉을 잡아들인 뒤, 창고 안에 가두고 문을 잠그게 했다.

"내일 아침, 내가 직접 처리하겠다."

하인들은 반쪽 수탉을 궁전의 보물 창고에 가두었다. 반쪽 수탉은 창고 안을 둘러보았다. 바닥에는 온통 금은보화가 깔려 있었다. 반쪽 수탉은 조용히 기다렸다.

모두 잠든 뒤, 반쪽 수탉은 마지막으로 멧돼지의 털을 꺼내 불에 던졌다. 곧이어 땅이 흔들리며 멧돼지가 들이닥쳤다. 멧돼지는 벽을 박차 부수며 반쪽 수탉 곁으로 다가왔다.

"왜 지금 내 털을 태우는 거냐?"

반쪽 수탉이 말했다.

"보시다시피 제가 갇혀 있습니다. 내일이면 왕께서 직접 저를 죽이겠답니다. 제발 여기서 꺼내주세요."

멧돼지는 말했다.

"두려워 말게. 지금 당장 문을 열어주지."

그리고는 말을 이었다.

"너무 오래 갇혀 있었구나. 이제 일어나서 너와 너희 자손이 살아가는 데 부족함이 없을 만큼의 금을 챙겨라."

반쪽 수탉은 몸을 굴려 금 위에 뒹굴었고, 날개와 발에 닿는 대로 황금을 붙여 나르기 시작했다. 입에 넣을 수 있을 만큼도 삼켜 넣었다. 그리고 처음 순례길을 나섰던 그 길을 따라 되돌아갔다.

반쪽 수탉은 집 근처에 도착해 주인을 부르고는 바닥 깔개 아래로 들어가 말했다.

"이제 제 몸을 두드리세요. 날 죽일까 걱정할 것 없어요."

주인은 반쪽 수탉이 그만하라고 할 때까지 두드렸다.

"됐어요, 이제 멈추고 깔개를 걷어보세요."

주인이 깔개를 들추자, 땅바닥이 온통 금빛으로 빛나고 있었다.

그 두 아내에게는 함께 기르던 개 한 마리가 있었다. 어리석은 아내는 총명한 아내가 황금을 받은 것을 보더니 말했다.

"이 개도 나눠 가집시다."

그러자 총명한 아내가 대답했다.

"개로 무엇을 할 수 있겠어요? 그냥 살려 두세요. 제 몫은 당신에게 줄게요. 전 개가 필요 없어요."

그러자 어리석은 아내는 개에게 말했다.

"너도 반쪽 수탉처럼 순례를 다녀와서 황금을 물어다 줘라."

개는 명령을 따라 이른 아침 길을 나섰다. 목이 말라 샘에 도착해 물을 마시려 고개를 숙였을 때, 샘 속에서 노란 돌이 눈에 띄었다. 개는 그것을 입에 물고 신나게 집으로 돌아왔다. 집 앞에 다다르자 개는 주인을 불렀다.

"깔개랑 몽둥이를 준비하세요. 전 순례를 마치고 돌아왔어요."

어리석은 아내는 깔개를 깔았고, 개는 그 아래로 들어가 말했다.

"살살 때리세요."

하지만 어리석은 아내는 온 힘을 다해 때리기 시작했다. 개는 고통스러워 비명을 질렀지만, 주인은 멈추지 않았다. 끝내 개의 숨이 멎었다. 그녀가 깔개를 걷자, 그 아래에는 노란 돌 하나를 입에 문 채 죽어 있는 개 한 마리뿐이었다.

요정의 선물

어느 날, '부셈군'의 한 처녀가 '우아르카'로 가던 중이었다. 그때 정령들이 나타나 그녀를 데려가 버렸다. 얼마 뒤, 오빠가 누이를 찾아 나섰다. 그가 산에 이르렀을 때, 동생이 산속에서 나와 오빠를 맞이하며 말했다.

"나는 지금 정령에게 시집가서 이곳에 살아. 잠깐만 기다려. 어머니께 드릴 걸 줄게."

잠시 뒤 그녀는 재가 든 자루 하나를 가져와 오빠에게 말했다.

"집으로 돌아가는 길에는 절대 멈추지 말고, 어머니 집에 도착할 때까지 열어보지도 말고 이 자루를 꼭 그대로 들고 가."

오빠는 자루를 들고 오다 자루 속이 궁금해졌다.

'도대체 뭐가 들었나 한번 볼까?'

자루를 열어보니, 안에는 온통 잿가루뿐이었다. 그는 실망하며 말했다.

"별것도 아닌데 괜히 무거웠네."

그리고는 자루 안에 있던 재를 거의 다 버리고, 약간만 남긴 채 다시 길을 갔다. 집에 도착하자 그는 어머니에게 말했다.

"동생이 이걸 어머니께 드리라고 했어요."

그러자 어머니가 말했다.

"자루를 흔들어 보렴."

그들이 자루를 흔들자, 안에서 금화가 쏟아져 나왔다. 오빠는 놀라서 자신이 잿가루를 버렸던 곳으로 달려갔지만, 그곳에는 아무것도 남아 있지 않았다. 할 수 없이 그는 다시 우아르카의 산으로 돌아가 누이를 찾았다. 그녀는 산에서 나와 오빠에게 말했다.

"그냥 가. 오빠한테 줄건 아무것도 없어. 저번에 내가 준 선물을 믿지 못하고 털어버렸잖아."

Ⅳ

기타 이야기

할머니와 파리

어느 날, 어떤 할머니가 우물에 물을 뜨러 나가며, 집에 우유 항아리를 두고 갔다. 할머니가 집으로 돌아와 보니, 파리 한 마리가 우유에 빠져 있었다. 할머니는 파리의 꼬리를 떼어냈다. 그러자 파리가 말했다.

"할머니, 제 꼬리 돌려주세요. 부모님께 신부를 데려가야 해요."

할머니는 이렇게 대답했다.

"그럼 나한테 염소 한 마리를 데려오렴."

파리는 염소에게 갔다. 염소는 말했다.

"풀잎을 가져와."

파리는 무화과나무에게 갔다. 무화과나무는 이렇게 말했다.

"거름을 줘야 잎을 줄 수 있지."

파리는 다시 소에게 달려갔다.

"소야, 무화과나무에게 줄 거름을 좀 다오. 무화과나무가 잎을 주면, 그걸 염소한테 줄 수 있어. 그러면 염소가 우유를 줄 거야. 그 우유를 할머니에게 드리면, 할머니가 내 꼬리를 돌려주실 거야. 그래야 내가 신부를 데리고 집에 갈 수 있어."

소는 기꺼이 거름을 주었다. 파리는 그 거름을 무화과나무에게 주었고, 무화과나무는 잎을 주었다. 그 잎을 염소에게 가져가니, 염소는 우유를 주었다. 파리는 우유를 할머니에게 드렸다. 할머니는 파리의 꼬리를 돌려주었다.

그제야 파리는 새 신부를 데리고 부모님께 갔다.

소년 테리루슈 이야기

‘테리루슈’라는 어린 소년이 있었다. 어느 봄날, 소년은 평소처럼 어린 양 떼를 몰고 들판으로 나갔다. 테리루슈는 또래 아이들처럼 달리고, 웃고, 나비를 쫓으며 즐겁게 놀았다. 해가 질 무렵, 양 떼를 데리고 돌아가려고 보니, 놀이에 빠져 있는 사이 양들이 집 앞에 있는 무화과나무 잎을 잔뜩 뜯어 먹은 것을 알게 되었다. 아버지는 이 일을 알게 되자, 테리루슈에게 매질을 했다. 테리루슈는 울면서 저녁을 먹지 않겠다고 했다. 그러자 어머니가 불렀다.

“테리루슈야, 어서 와서 저녁 먹으렴. 밥이 식고 있단다.”

그는 대답했다.

“어머니, 저를 내버려 두세요. 저녁은 안 먹을래요.”

그러자 어머니는 막대기에게 말했다.

“막대기야, 테리루슈를 때려라. 테리루슈가 저녁을 먹지 않겠대. 밥이 식고 있어.”

하지만 막대기는 때리기를 거부했다. 어머니는 불에게 말했다.

“불아, 막대기를 태워라. 막대기는 테리루슈를 안 때리겠대. 테리루슈는 저녁을 먹지 않겠대. 밥이 식고 있어.”

그러나 불도 태우기를 거부했다. 어머니는 물에게 말했다.

“물아, 불을 꺼라. 불은 막대기를 안 태우겠대. 막대기는 테리루슈를 안 때리겠대. 테리루슈는 저녁을 먹지 않겠대.

밥이 식고 있어."

그러나 물도 불을 끄지 않았다. 어머니는 소에게 말했다.

"소야, 물을 마셔라. 물은 불을 끄지 않겠대. 불은 막대기를 안 태우겠대. 막대기는 테리루슈를 안 때리겠대. 테리루슈는 저녁을 먹지 않겠대. 밥이 식고 있어."

그러나 소도 물을 마시지 않았다. 어머니는 칼에게 말했다.

"칼아, 소를 잡아라. 소는 물을 안 마시겠대. 물은 불을 안 끄겠대. 불은 막대기를 안 태우겠대. 막대기는 테리루슈를 안 때리겠대. 테리루슈는 저녁을 안 먹겠대. 밥이 식고 있어."

그러나 칼도 소를 잡지 않았다. 어머니는 커다란 망치에게 말했다.

"망치야, 칼을 부숴라. 칼은 소를 잡지 않겠대. 소는 물을 안 마시겠대. 물은 불을 안 끄겠대. 불은 막대기를 안 태우겠대. 막대기는 테리루슈를 안 때리겠대. 테리루슈는 저녁을 안 먹겠대. 밥이 식고 있어."

그러나 망치도 거부했다. 어머니는 쥐에게 말했다.

"쥐야, 망치를 갉아라. 망치는 칼을 부수지 않겠대. 칼은 소를 잡지 않겠대. 소는 물을 안 마시겠대. 물은 불을 안 끄겠대. 불은 막대기를 안 태우겠대. 막대기는 테리루슈를 안 때리겠대. 테리루슈는 저녁을 안 먹겠대. 밥이 식고 있어."

그러나 쥐도 거부했다. 이제 어머니는 어찌할 바를 몰랐다. 바로 그때, 다락방에서 고양이가 야옹거리며 뛰어내렸다. 어머니는 고양이에게 말했다.

"고양이야, 쥐를 잡아먹어라. 쥐는 망치를 갉아 먹지 않겠대. 망치는 칼을 부수지 않겠대. 칼은 소를 잡지 않겠대. 소는 물을 안 마시겠대. 물은 불을 안 끄겠대. 불은 막대기를 안 태우겠대. 막대기는 테리루슈를 안 때리겠대. 테리루슈는 저녁을 안 먹겠대. 밥이 식고 있어."

고양이는 야옹거리면서 대답했다.

"기꺼이 그럴게요, 주인마님."

그때부터 상황이 바뀌었다. 쥐가 말했다.

"망치를 내게 주세요. 내가 갉아먹겠습니다."

망치도 말했다.

"내가 칼을 부술게요."

칼이 이어서 말했다.

"내가 소를 잡을게요."

소도 말했다.

"내가 물을 마실게요."

그러자 물이 대답했다.

"내가 불을 끌게요."

불도 말했다.

"내가 막대기를 태울게요."

막대기가 뒤이어 말했다.

"내가 테리루슈를 때릴게요."

그러자 마침내 테리루슈가 말했다.

"알았어요, 저녁을 먹을게요."

이 말을 끝으로 집안 식구들은 모두 웃음을 터뜨렸다. 그때 도구들과 그릇들이 와르르 떨어지고, 대추야자가 가득 달린 가지가 뚝 하고 떨어졌다. 그리고 모두 함께 대추야자를 나누어 먹었다.

이방인

옛날 옛적, 여행자가 길을 걷다가 인적 드문 곳에서 연기가 피어오르는 걸 보았다. 그는 가까이 다가갔다. 도착해서 보니 말 한 마리, 매 두 마리, 어린 사냥개 세 마리를 데리고 혼자 있는 어떤 남자가 있었다.

다음 날 아침, 그 남자는 일어나 말에 올라타 개들을 데리고, 혼자 전투에 나갔다. 해 질 때까지 그는 수많은 병사와 싸우고, 그날 저녁 다시 돌아왔다. 그가 맞선 적은 '이프라가탱'이라 불리는 무리였다.

그런 일이 며칠 동안 계속되자, 이프라가탱 사람들이 모여서 서로 이렇게 물었다.

"우린 이제 어떻게 해야 하지?"

그들은 늙은 현자를 찾아가 조언을 구했다. 현자가 물었다.

"말을 탄 그자는 어떤 사람인가?"

"말 한 마리, 수컷 매 두 마리, 수컷 개 세 마리를 데리고 있습니다."

그러자 노인은 말했다.

"여섯 명의 여인, 암컷 매 두 마리, 암컷 개 세 마리, 암말 두 마리를 데려가라. 그리고 그것들을 그의 앞에 놓아라."

다음 날, 이프라가탱 사람들은 그렇게 했다. 말을 탄 남자가 올 때, 여자들이 맨 앞에 서 있었다. 남자가 여자들을 발견하자 그의 마음이 온통 여자들에게 쏠렸다.

개들은 암컷 개들에게 달려갔고, 매들은 암컷 매에게, 그의 말도 암말을 보자 거칠게 달려들었다. 그 틈을 타 이프라가탱은 남자를 포위하고 붙잡아 포로로 끌고 갔다. 6일 동안, 그들은 남자를 어떻게 할지 놓고 다투었다.

"내가 그를 죽이겠다."

"안돼, 아직은 아니야."

그러다 결국 누군가가 말했다.

"그를 불태워 죽이자."

그들은 장작을 모아 불을 지폈고, 그는 불에 타 죽었다.

기이한 만남

옛날, 한 남자가 길을 걷고 있었다. 그는 들판에서 풀을 뜯고 있는 암말을 보았다. 말은 비쩍 말라서 뼈만 앙상하게 남아 있었다. 그는 계속 길을 걸었다. 조금 더 가니, 풀도 먹지 않는데 살찐 암말이 있었다. 조금 더 걸어가다가 바위에 머리를 박고 있는 양을 보았다. 양은 해가 질 때까지 바위에서 머리를 떼지 않고 있었다. 다음에는 구멍 속에서 몸을 빼지도 못하고 흔들고 있는 뱀을 보았다. 더 멀리 가자, 아이들이 모두 노인이 되어버린 집에서 구슬 놀이를 하는 남자를 만났다.

이 이야기를 들은 한 노인이 그에게 말했다.

"이 모든 것의 뜻을 알려주마. 네가 처음 본 마른 암말은, 자기만 부유하고 형제는 가난한 사람을 상징한다. 두 번째로 본 살찐 암말은, 자신은 가난해도 형제들이 모두 부자인 사람을 뜻하지. 양이 바위에 머리를 박고 있는 모습은, 사는 집이 엉망이라 밖에서 자려는 사람의 신세를 나타낸다네. 구멍에서 빠져나오지도 들어가지도 못하는 뱀은, 한 번 내뱉은 말은 되돌릴 수 없다는 뜻이지. 마지막으로, 아이들이 늙어버렸는데도 구슬 놀이만 하는 남자는 자신은 젊고 아름다운 아내를 얻어 늙지 않았지만, 자식들은 나쁜 짝을 만나 일찍 늙어버린 경우를 말한다네."

얼간이와 밧줄

'살라흐'라는 얼간이가 있었다. 그는 항상 기도가 끝난 뒤에야 모스크에 나타났다. 어느 날, 살라흐는 기도를 하다가 천장에 매달린 밧줄을 보았다. 밧줄은 흔들리다가 그의 얼굴을 때렸다. 그는 속으로 생각했다.

'이 줄을 잘라야겠어.'

그래서 그는 줄을 잡고 천장까지 기어올라, 주머니에서 칼을 꺼내 줄을 잘랐다. 그 순간 그는 줄과 함께 바닥으로 떨어지고 말았다. 다행히 바닥에 깔려 있던 카펫 덕분에 다치지 않고 신의 은총으로 살아남았다.

여인과 왕, 그리고 뱀의 이야기

한 여자가 있었다. 그녀는 아들을 네 명 낳았다. 아들들은 자라서, 도둑질을 하러 길을 떠났다. 그들이 잠들어 있는 사이, 무시무시한 커다란 뱀이 다가와 그중 두 명을 죽였다. 잠에서 깬 나머지 두 형제는 죽어 있는 형들을 보고 외쳤다.

"오, 신이시여. 이게 무슨 일입니까!"

그때, 뱀이 다시 나타났다. 그들은 뱀을 붙잡아 가죽 자루에 넣고, 집으로 돌아와 어머니에게 말했다.

"어머니, 이 뱀이 형들을 죽였어요. 왕께 데려가서, 죽일지 놔줄지 결정하시게 합시다."

그들은 뱀을 데리고 왕을 찾아갔다. 뱀을 넘겨받은 왕 앞에서 어머니는 통곡하며 말했다.

"폐하, 율법에 따르면 뱀은 죽어 마땅합니다. 제 자식들을 죽였으니, 저 뱀도 죽어야 합니다."

그러자 왕은 말했다.

"잠깐. 그 전에 네 아들들이 먼저 이 뱀에게 잘못한 것은 없는지 살펴보자."

"네가 왜 아이들을 죽였는지 말해 보아라."

그러자 뱀은 고개를 들더니, 신의 힘을 입어 대답했다.

"옛날에 저 아이들이 제 아내를 죽였습니다. 그래서 저 역시 그들을 죽였습니다. 그것은 복수였습니다."

그러자 여자는 즉시 항의하며 뱀을 죽여야 한다고 소리쳤다. 그러나 왕이 나서서 다시 말했다.

"그만하고 돌아가라."

그리고 왕은 뱀을 풀어주었다. 집으로 돌아온 여자는 분노를 이기지 못하고, 독을 준비해 흑인 하녀에게 건네며 말했다.

"이것을 왕의 음식에 넣어라. 병이 낫게 해달라고 신께 기도하면서 말이다."

하녀는 독을 솥에 넣고 저은 뒤, 저녁 식사로 왕에게 올렸다. 왕은 음식을 먹고 나서 갑자기 병이 들어 말했다.

"그 여자를 데려와라. 나를 죽이려는 자가 있다면, 바로 그 여자다."

그 말을 남긴 채 왕은 숨을 거두었다. 왕비는 죄인인 여인을 잡아 와서 말했다.

"내 남편이 죽었으니, 너도 죽어야 한다."

사람들은 여자를 끌고 나가 처형했다.

노인과 아내, 그리고 도둑들

어느 날, 도둑 두 명이 어떤 집에 들어갔다. 그 집에는 늙은 부부와 염소 한 마리뿐이었다.

도둑이 말했다.

"빈손으로 갈 수는 없지."

다른 도둑이 대답했다.

"노인과 염소는 죽이고, 여자는 우리 것이 되겠군."

그 말을 노인과 아내가 듣고 말았다. 노인이 아내에게 말했다.

"당신이 소리쳐! 내 목숨 좀 살려 줘!"

그러자 아내가 말했다.

"조용히 해요. 이게 다 당신 팔자야."

노인이 분노하며 외쳤다.

"어떻게 조용하란 말이오! 도둑놈들이 나랑 염소를 죽이려 한다는데! 당신은 저들이 한 말을 듣고도 좋아서 아무 말 안 하잖아! 내가 당신 탓에 죽겠구먼. 그놈들이랑 함께할 생각에 들떴구려!"

그는 크게 소리 질렀고, 그 소리에 이웃들이 달려왔다. 놀란 도둑들은 달아났고, 노인과 염소는 무사할 수 있었다.

자비

어느 날, 어떤 아이가 아버지와 함께 물을 떠 오려고 공원에 갔다. 아이가 배고파하자 아버지가 말했다.

"얘야, 줄 게 없구나. 가서 나뭇잎이나 야자수 밑을 뒤져보렴. 작은 대추야자나 호박을 찾을 수 있을지도 몰라."

아이는 울면서 가봤지만, 아무것도 찾지 못했다. 아버지는 울면서 신께 간절히 기도했다. 그때 한 여인이 음식을 담은 접시를 들고 다가와 인사했다.

"신께서 도우시길."

아버지가 답했다.

"신께서 당신을 보호해주시길."

여인이 물었다.

"왜 우시나요?"

"내 아들이 굶어 죽을 지경이에요."

"당신과 아드님, 신께서 내리신 자비를 받으세요."

그 여인은 아이가 힘을 내 일어설 때까지 조금씩 음식을 나눠 주었다. 그렇게 아이와 아버지는 여인의 도움으로 배불리 먹고 신을 찬양했다.

왕과 가족

옛날, 어떤 왕이 '마그레브'를 다스리고 있었다. 왕에게는 아들이 넷 있었다. 어느 날, 왕과 왕비, 그리고 네 왕자는 함께 동쪽으로 여행을 떠났다. 그런데 바다를 건너던 중, 그들이 탄 배가 침몰했다. 파도가 가족들을 이리저리 흩어 놓았다. 어떤 파도는 왕비를, 다른 파도는 왕을 바다 한가운데 섬으로 떠밀어 보냈다.

그 섬에서 아버지인 왕은 은광을 발견했다. 그는 은을 캐서 많이 모았고, 그곳에 자리 잡았다. 바다 한가운데 사는 왕의 이야기는 사람들에게 많이 알려지게 되었다. 그와 그를 따르는 사람들은 집을 짓고 마을을 이루었고, 마침내 큰 도시가 되었다. 그곳에서 아버지는 다시 왕이 되었다. 그는 가난한 사람이 오면 재물을 나눠 주었다. 한편, 왕비는 어느 가난한 사람과 결혼했다. 네 왕자는 뿔뿔이 흩어져 각각 다른 나라에서 공부하면서 모두 현명하고 신앙 깊은 사람으로 자랐다.

다시 왕이 된 아버지는 신을 경외하는 학자를 찾았다. 첫째 아들이 그중 하나로 지목되어 불러들였다. 왕은 또 현자를 구했는데, 둘째 아들이 그 역할을 맡았다. 왕은 특히 공정한 재판관을 원했다. 셋째 아들이 그 역할로 추천되어 불러들였다. 마지막으로, 넷째 아들이 '이맘'이 되어 왕에게 왔다. 그들은 서로를 몰라보았고, 왕도 그들을 알아보지 못했다.

왕비와 가난한 남편도 도와달라고 탄원하기 위해 왕에게 왔다. 그날 밤, 왕비는 홀로 궁전에 올랐다. 왕은 네 학자를 불러 밤새 머물게 했다. 왕은 그들을 살펴 됨됨이를 알아내려 했다. 한 사람이 말했다.

"잠이 오지 않으니 각자 자기를 소개합시다."

첫째가 말했다.

"제 아버지는 왕이셨습니다. 재산도 많았고, 네 형제였는데, 이름이 여러분과 같았습니다."

둘째가 말했다.

"저도 아버지가 왕이었고, 우리에게도 당신과 같은 일이 있었어요."

셋째도 말했다.

"저도 아버지가 왕이었고 같은 일을 겪었습니다."

넷째가 말했다.

"저 역시 아버지가 왕이었고, 여러분 셋과 같은 일을 겪었습니다. 여러분은 내 형제군요."

왕비는 이 말을 듣고 아침까지 눈물을 흘렸다. 왕은 왕비에게 물었다.

"왜 우는 것이요?"

왕비가 답했다.

"전 왕비였습니다. 아들 넷이 있었고, 우리 모두 배를 탔죠. 배가 부서졌고 각자 흩어졌습니다. 어젯밤, 그들이 내 앞에서 이야기하며 그동안 겪은 일을 알려주었어요."

왕이 말했다.

"그대들의 사연을 말해 보시오."

그들은 상세히 이야기했다. 왕은 눈물을 흘리며 일어나 말했다.

"너희는 내 아들이다."

그리고 왕비에게 말했다.

"당신은 내 아내요."

신께서 그들을 다시 모아 주셨다.

베두 이야기

두 남자가 있었다. 한 사람의 이름은 '베두', 다른 사람은 '암캄멜'이었다. 그들은 무화과 한 바구니를 들고 시장에 가고 있었다. 그렇게 길을 가다 밭을 갈고 있는 농부를 만나 인사를 건넸다.

"신의 가호가 함께하길."

농부도 답했다.

"아멘."

그때, 둘 중 한 사람이 손을 씻고 싶다고 했는데, 마침 물이 없었다. 그러자 밭을 갈던 농부가 옆에 있던 사람에게 물었다.

"당신 이름이 뭐요?"

"베두요."

"신을 걸고 부탁하오, 베두. 내가 물을 마시고 오는 동안 소를 좀 봐주시오."

"다녀오시오."

그가 떠나자 베두는 소 한 마리를 훔쳐 달아났다. 농부가 돌아와 보니 소 한 마리가 안 보였다. 그는 다른 여행자에게 다가가 물었다.

"아버지의 이름을 걸고 묻겠소, 당신 이름이 뭐요?"

"암캄멜 우앤니드니요. '나머지를 완성하는 자'란 뜻이지요."

"신을 걸고 부탁하오, 암캄멜 우앤니드니. 내가 도망친 놈을 찾는 동안 이 소를 좀 봐주시오."

"다녀오시오."

그가 떠나자, 이번에는 암캄멜이 나머지 소를 훔쳐 달아났다.

이렇게 해서 두 도둑은 소 두 마리를 모두 훔쳐 달아났고, 그 자리에서 소를 잡아 구워 먹었다. 고기를 먹고 나니 목이 말랐다. 한 사람은 바닷물을 마셨고, 다른 한 사람은 강물을 마셨다. 그래야 서로 보완할 수 있다고 믿었던 모양이다.

식사가 끝난 후, 한 사람은 그 자리에 드러누워 잠들었고, 다른 한 사람은 그를 재로 덮었다. 자고 있던 사람이 일어나 물을 마시러 갔다가, 재를 떨어뜨리며 돌아왔다. 그 사이, 다른 한 사람은 소의 머리를 뒤집어쓰고 누워 있었다. 물을 마시고 돌아온 온 자가 그 모습을 보고 깜짝 놀라 도망쳤다.

얼마 후 그들은 다시 만나 남은 소고기를 나누어 먹었다. 이번에는 바닷물을 마셨던 자가 강물을, 강물을 마셨던 자가 바닷물을 마셨다. 식사가 끝나자 둘은 다시 길을 떠났다. 도중에 그들은 돈을 깔고 앉아 있는 할머니를 만났다. 두 사람이 일부러 싸우는 척하자, 할머니는 싸움을 말리려고 자리에서 일어났다. 그 틈을 타 한 사람은 할머니가 앉아 있던 자리에 가서는 쓰러진 척을 했다. 할머니가 말했다.

"이보게, 일어나게."

그는 꿈쩍도 하지 않았다. 밤이 되자, 암캄멜이 할머니의 돈을 훔치고, 베두에게 말했다.

"일어나, 떠나자."

둘은 도망치다 어딘가에 이르러 잠이 들었다. 그 사이 암캄멜은 훔친 할머니의 돈을 들고 달아났고, 베두는 잠이 든 채 남겨졌다. 베두가 깨어났을 때, 암캄멜은 이미 떠나고 없었다. 베두는 그를 찾아 나섰고, 마침내 병들어 죽어가는 암캄멜을 발견했다. 죽기 전, 암캄멜은 아내에게 자신을 묻어 달라는 말을 남겼고, 그녀는 그를 묻어주었다.

얼마 후, 베두가 무덤 근처를 지나가다가 이상한 소리를 들었다.

"소다!"

그러자 무덤 안에서 목소리가 들렸다.

"나야, 친구."

베두는 외쳤다.

"주님께 찬미를! 친구, 자네가 평안하길."

그리고는 말했다.

"같이 사냥하러 가자."

두 사람은 함께 길을 떠났다. 베두가 말했다.

"내가 자네 면도를 좀 해줄게."

그는 암캄멜의 수염을 깎다가, 면도칼이 목에 다다르자 칼로 암캄멜의 목을 그어 죽이고, 머리를 땅에 묻었다. 그 자리에 석류나무가 자라났다. 어느 날, 베두는 그 나무에서 석류 하나를 따서 왕에게 바치러 갔다. 그런데 왕궁에 들어서자 석류가 유난히 무겁게 느껴졌다. 왕이 안을 봤을 때는 사람 머리가 들어 있었다. 왕이 물었다.

"이게 뭐냐?"

"석류입니다."

왕은 말했다.

"우리는 네가 무슨 짓을 했는지 이미 알고 있다."

그리고는 베두의 목을 베라고 명했다.

V

시, 노래, 수수께끼, 속담

귀머거리는 서로 알아들을까?

옛날 옛적, 완전히 귀가 먹은 여인이 하나 살고 있었다. 말 그대로 아무 소리도 들을 수 없었다.
여인에게는 아주 넓은 땅콩밭이 있었다. 그녀는 매일 아침 아이를 등에 업고 밭으로 갔다.

어느 날 아침, 밭에서 일을 하고 있는데, 한 남자가 다가왔다. 그 남자 역시 심한 귀머거리였다. 그는 잃어버린 양 떼를 찾고 있었다. 남자는 여인에게 다가와 말했다.

"아주머니, 제 양 떼를 찾고 있는데요, 발자국을 따라오다 보니 여기까지 왔습니다. 혹시 제 양들을 찾도록 도와주시겠어요? 제 양은 쉽게 알아볼 수 있습니다. 제 양 중에는 다리를 다친 양이 한 마리 있거든요. 아주머니가 제 양을 찾아주신다면, 그 다친 양을 드리겠습니다. 쓸모 있을 겁니다."

그런데 여인은 아무 말도 알아듣지 못했다.

"제 밭은 저기까지예요!"

그녀는 이 남자가 단지 밭이 어디까지인지 묻는다고 생각했다. 그래서 뒤돌아보며 다시 말했다.

"제 밭은 저기까지입니다."

남자는 그녀가 가리키는 방향으로 따라가 보았고, 우연히도 덤불 뒤에서 자기 양들이 풀을 뜯고 있는 것을 발견했다. 그는 기쁜 마음으로 양들을 모은 뒤, 약속대로 다친 양을 여인에게 주었다. 하지만 여인은 아무 말도 듣지 못했고,

상황을 이해하지도 못했다. 그녀는 이 남자가 자기더러 양을 다치게 했다고 비난하는 줄로만 알았다. 그래서 화를 내며 말했다.

"아저씨, 저는 당신 양을 다치게 한 적이 없어요. 다른 사람에게 가서 따지세요. 저는 양 같은 건 본 적도 없다고요."

그러자 남자는, 여인이 다친 양은 싫고 더 큰 양을 원한다고 생각했다. 화가 난 그는 말했다.

"아주머니, 다친 양을 주기로 약속했지, 내 양 중에서 제일 큰 놈을 준다고 한 적은 없습니다. 게다가 곧 양 축제인데, 큰 양을 줄 수는 없지요."

이렇게 둘은 말싸움을 벌였고, 결국 둘 다 화가 머리끝까지 나서 마을 재판소로 가게 되었다. 재판은 마을 한가운데 있는 커다란 나무 그늘에서 열렸다. 재판나무라 불리는 큰 바오밥나무였다. 판사는 마을의 족장이었고, 그 주변에는 원로들이 모여 있었다. 여인과 남자는 계속 옥신각신하며 나무 아래로 왔다. 인사를 마친 뒤, 여인이 먼저 말했다.

"이 사람이 제 밭이 어디까지인지 묻기에 알려준 다음에 저는 계속 일을 했습니다. 그런데 잠시 뒤에 양 한 마리를 가져와서는, 제가 다치게 했다고 합니다. 저는 양을 본 적도 없었는데요. 그래서 이렇게 판결을 받으러 온 겁니다."

이번엔 남자가 말했다.

"저는 제 양을 찾고 있었고, 발자국을 따라 이 여자의 밭까지 왔습니다. 그리고 '양을 찾는 걸 도와주시면 다친 양을 드리겠다'고 말했습니다. 이 여자가 제 양들이 있는 곳을 알려주었고, 그래서 약속대로 다친 양을 주었는데, 이 여자가 더 큰 양을 원합니다. 양 축제가 코앞인데, 제가 큰 양을 줄 수 있겠습니까?"

판사가 자리에서 일어났다. 그런데 판사도 귀가 먹은 사람이었다. 그는 여자의 등에 업힌 아이를 보고, 이것이 단순히 부부싸움이라고 생각했다. 그래서 남자에게 말했다.

"이 아이는 당신 아이요. 게다가 꼭 당신을 닮았구먼. 내가 보아하니, 당신은 몹쓸 남편이오. 그리고 부인, 이런 사소한 문제를 굳이 여기까지 와서 떠들 필요는 없소. 두 사람, 집으로 돌아가서 화해하시오!"

이 판결을 듣자, 모여 있던 사람들은 모두 웃음을 터뜨렸다. 그리고 그 웃음은 판사와 여인, 그리고 남자에게까지 전염되었다. 세 사람은 아무것도 이해하지 못했지만, 함께 크게 웃었다.

이쯤에서 이야기는 질문을 던진다. 이 셋 중에서 누가 가장 귀가 먹었을까? 아프리카의 어떤 곳에서는 이렇게 충고한다.

"말을 내뱉기 전에, 낙타처럼 긴 목으로 나오게 해라. 그래야 그 말이 나오기 전에 충분히 생각할 시간을 가질 수 있다."

희귀한 진주 탈야쿠트, 수수께끼 이야기

옛날 옛적, 멀리 아틀라스 산맥과 광활한 사하라 사막 사이에, 아름다운 오아시스인 '타파스카' 왕국이 있었다. 이 왕국의 이름은 '신의 선물'이라는 뜻으로, 일곱 개의 도시와 마을마다 주민들은 평화롭고 풍요롭게 살고 있었다.

사막과 메마른 땅으로 둘러싸인 이 작은 녹지의 왕국은 자비롭지만 나이가 많은 '아무크란' 왕이 오래도록 다스리고 있었다. 아무크란 왕은 가족과 백성들의 행복을 가장 큰 기쁨으로 여겼다. 그래서 늘 그들에게 호화로운 선물을 내리고, 웅장한 신전과 기념비를 세웠다. 이를 통해 백성들에게 존경받고, 국경 너머까지 명성을 떨치며, 자기보다 훨씬 크고 강한 이웃 나라들과도 부와 위엄을 겨루고자 했다. 아무크란 왕은 절대 비용을 아끼지 않았다. 만약 현명하고 인자한 왕비가 없었다면, 이 나라는 오래전에 빚더미에 올라 이웃 나라한테 정복당했을 것이다.

어느 화창한 날, 왕은 아들 '암라이'와 산책하다가 둥지를 짓고 있는 새를 바라보며 말했다.

"암라이, 이제 너도 훌륭한 남자가 되었구나. 나는 권력에도 지쳤고, 나이도 많이 들었다. 머지않아 조상들이 계신 곳으로 갈 것이다. 이제 네가 내 뒤를 이어 왕이 될 차례다. 나는 네가 용감하고 지혜로워서 훌륭한 왕이 되리라 믿는다. 하지만 내 마지막 소망이 아직 남아 있다. 바로 손주를 보는 것이다. 이제 네가 결혼할 때가 되었다고 생각하는데, 너는 어떻게 생각하느냐?"

아버지를 세상 누구보다 존경하고, 그의 뜻을 거스르는 것을 몹시 싫어했던 젊은 암라이는 그저 이렇게 답할 따름이었다.

"아버지, 원하시는 대로 하십시오."

왕은 아들이 순종하는 것에 기뻐하며, 그날 저녁 가장 믿을 만한 대신들을 불러 이렇게 말했다.

"우리 풍습에 따르면 왕위에 오르는 자는 반드시 혼인한 상태여야 한다. 나는 이번 왕위 계승을 평화롭게 준비하고자, 내 후계자인 암라이를 내년 봄에 결혼시키고 싶다. 너희는 우리나라와 이웃 나라들을 잘 알고 있으니, 그중에서 가장 아름다운 처녀, 진정으로 '희귀한 진주'를 찾아오너라. 즉시 실행하거라. 명령이다!"

그리하여 대신들은 곧바로 타파스가 왕국 진역은 물론 그 너머까지 나가, 암라이 왕자의 신붓감을 찾기 위해 분주히 움직였다. 한 달간의 수소문 끝에, 각 지방을 맡은 관리들은 자신이 고른 최고의 미인을 데리고 궁궐로 돌아왔다. 그렇게 모인 처녀는 모두 마흔 명, 모두가 젊은 왕자의 마음을 사로잡고자 하는 열망으로 가득 차 있었다. 하나같이 아름다워서, 단 한 명을 뽑는 것은 매우 어려운 일이었다.

왕은 왕자의 배필을 선발하는 데 하루를 온전히 할애하기로 했다. 후보들은 접견실 옆 그늘진 뜰에 모여 기다렸다.

왕이 손짓하면, 시종장이 한 명씩 불러들이는 방식이었다.

"아들아, 네가 마음에 드는 아가씨들에게는 열 개뿐인 빨간색 스카프를 주거라. 다른 아가씨들에게는 파란 스카프를 주어, 먼 길을 왔지만 선택받지 못한 것에 보답과 위로가 되게 하거라."

왕비는 이 방식이 우스꽝스럽고, 처녀들에게 모욕적이며, 영 탐탁지 않다고 강하게 반대했으나, 결국 왕의 뜻대로 진행됐다. 높은 단 위의 편안한 왕좌에 앉은 왕이 손짓을 하면, 시종장이 호명한 아가씨가 화려하게 차려입고 걸어 들어왔다. 그녀들은 우아하게 걸음을 옮기며 미소 지었고, 이를 지켜보는 사람들 사이에서는 "오!", "아!" 하고 감탄하는 소리가 흘러나왔다. 그다음에는 모두 왕자를 쳐다보았다. 왕자는 아버지가 말한 대로 바구니에서 스카프를 꺼내어, 아가씨들의 어깨에 걸쳐 주었다. 시녀는 왕자에게 받은 스카프 색에 따라 아가씨들을 오른쪽 문 또는 왼쪽 문으로 안내했다.

이 의식은 오후 내내 이어졌다. 그리고 마침내, 손님들이 모두 모인 가운데 성대한 잔치가 벌어졌다. 식탁에는 진귀하고 맛있는 음식이 가득했고, 사람들은 결과를 기다리며 왕자비 후보들의 장단점에 대한 의견을 나누었다. 한편 무용수와 악사들은 밤을 밝히며 흥을 돋우었다.

따로 마련된 조용한 자리에서, 왕은 푹신한 쿠션에 기대어 앉아 있었다. 그는 이번 행사의 독특함에 매우 즐거워했고, 마치 아이처럼 결과를 궁금해하면서 들떠 있었다. 그 옆에는 여전히 이 방식에 전혀 동의하지 않는 듯한 표정을 짓고 있는 왕비와 지루해 보이는 왕자, 그리고 주요 대신 몇 명이 자리했다.

"오, 암라이! 하나같이 아름답고 흠잡을 데가 없구나. 네가 참 안목이 좋다는 것을 인정해야겠다! 전통에 따라 단 한 명만 고르려니 쉽지 않겠구나!"

"아니, 어찌 아내를 단지 외모로만 고를 수 있단 말입니까? 사랑하는 왕이시여, 평생을 함께할 여인을 고르는 일은 예쁜 가구나 옷을 사는 것과는 전혀 다릅니다. 이번에는 폐하께서 그리 현명한 것 같지 않습니다."

"하지만 내 생각에는 말이오, 왕자의 아내는 반드시 왕국에서 가장 아름다운 여인이어야 하오. 모든 이의 마음을 사로잡고, 다른 왕들이 질투할 만큼 완벽한 여인 말이오! 게다가 나는 왕이니까 내 아들에게는 최고의 것을 해주고 싶을 뿐이오."

왕과 왕비가 이렇게 티격태격하는 동안, 왕자는 북적이는 연회장 한쪽에서 하객들의 시중을 드는 하녀를 발견했다. 왕자는 부모의 대화에 귀를 기울이면서도 시선은 계속 그녀를 향했다.

그 하녀는 겉모습만 보면 특별한 것이 없었다. 장신구 하나 없고, 화려한 옷차림도 아니었다. 그런데도 묘한 매력이 그녀에게서 뿜어져 나왔다. 겸손하고 조심스러운 태도 속에 어쩐지 이곳과는 다른 세계에서 온 듯한 신비로움이 서려 있었다. 모두가 자기 자신을 돋보이게 하려고 애쓰는 자리에서, 그녀는 존재감을 감추고 있었다. 오히려 그 지나친 평범함이 이 화려한 무대 위에서 더욱 도드라져 보였다. 그녀는 늘 고개를 숙이고, 말없이 뒤에서 잔을 채우고 빈 병을 치웠다. 개미처럼 부지런히 움직이며 잠시 사라졌다가, 다시 나타나 빵 바구니를 가져오거나 과일 쟁반을 내놓았다. 옮겨진 의자를 제자리로 돌려놓고, 식탁 위 남은 음식을 치웠다. 눈에 잘 띄지 않으면서도, 주위의 모든 일을 세심히 챙기고 있었다.

"두 분 말씀 모두 지당하십니다. 아름다움이 가치는 있지만, 그것이 지혜와 슬기가 없다면 무슨 의미가 있겠습니까? 아름다움이 보석 상자라면, 상자 안에 든 보석이 바로 지혜입니다. 사람을 겉모습으로만 판단하면, 그 본질을 놓치게 됩니다."

왕의 어릿광대이자 음유시인인 '아쿠크'가 이렇게 말했다.

"말은 훌륭하구나, 아쿠크. 하지만 이런 짧은 시간에 그 아가씨들의 속마음을 어떻게 알 수 있겠느냐? 하룻저녁으로는 부족하다네."

왕이 짜증 섞인 목소리로 대꾸했지만, 아쿠크는 이미 묘안을 갖고 있었다.

"맞습니다. 사람의 가치는 인생의 시련 앞에서 드러나는 법이지요. 그런데 오늘은 우리가 그럴 시간을 가질 수 없으니, 대신 작은 지혜를 시험해 보는 건 어떨까요? 아름다운 아가씨들에게 수수께끼를 내고, 가장 많이 맞히는 분이 왕자의 마음을 얻는 겁니다. 그러면 연회도 훨씬 흥미로워질 것입니다."

왕은 뜻밖의 제안에 놀랐고, 지루해하던 왕자는 갑자기 눈을 반짝이며 흥미를 보였다.

"훌륭한 생각이구나, 아쿠크! 이렇게 모두가 고운 외모를 지녔으니, 이번엔 지혜를 시험해 보자꾸나! 그렇게 하면 나도 결정에 참여한 것이 되고, 부모님도 모두 만족하실 터이니 더할 나위 없지!"

그러자 궁중 시녀들이 아가씨들을 불러, 연회장 한가운데 놓인 긴 소파에 앉혔다. 아쿠크가 앞으로 나서며 그들에게 말했다.

"아가씨들, 여러분은 이 오아시스에서 가장 아름다운 분들입니다. 어느 누가 더 낫다고 할 수 없을 만큼 모두 아름다우셔서, 미모로는 승부를 가릴 수 없습니다. 그러니 제가 수수께끼 열 가지를 내겠습니다. 가장 많이 맞히신 분이 승자가 됩니다. 어떠세요?"

아가씨들은 서로를 바라보며 당황한 기색을 보였다. 아무도 이런 시험이 있을 것이라고는 예상하지 못했다. 그렇다고 거절할 수도 없었다. 거부하면 즉시 탈락이고, 무엇보다도 바보처럼 보일 수는 없는 노릇이었다. 게다가 왕은 즐거움에 들떠 있었고, 왕비는 도전적인 눈빛을 보내고 있었으며, 왕자는 이미 아쿠크에게 이 행사의 주도권을 맡긴 듯했다.

"아무 말씀 없으시니, 준비되신 걸로 알겠습니다! 그럼 시작하겠습니다. 다른 분들도 함께 생각해 보시되, 대답은 마음속으로만 하십시오. 우승자에게는 상이 있습니다! 자, 첫 번째 수수께끼 나갑니다."

"겨울이 오면 나는 옷을 벗고, 바람은 내 비애를 울부짖네. 봄이 오면 나는 초록 옷을 입고, 새들은 내게 가장 고운 노래를 선물하네. 나는 누구일까요?"

객석에서 가벼운 실망의 웅성거림이 일었다. 너무 쉬운 문제였기 때문이다. 이 덕분에 후보들은 안도했고, 자신 있게 답을 떠올렸다. 아쿠크는 모래시계를 뒤집어 시간을 재고, 각 후보에게 다가가 답을 속삭이게 한 뒤, 작은 칠판에 점수를 적었다. 잠시 결과를 확인한 그는 만족스러운 표정을 지었다.

"좋습니다! 열 분 중 아홉 분이 정답을 맞히셨군요!"

관중 속에서 웃음이 터졌으나, 아쿠크는 태연하게 말했다.

"잠깐만 기다려 주십시오. 끝까지 가면 웃음이 사라질 수도 있습니다. 자, 다음 문제 나갑니다!"

"나는 먹으면 먹을수록 더 배고파지고, 바람과 함께 끝없이 달리며, 검은 자국을 남기면서 나의 길을 그린다… 나는 누구일까요?"

그 순간, "아!" 하는 놀람의 탄성이 흘러나왔고, 일부는 이미 답을 알아낸 듯했지만, 대부분은 여전히 난감해 보였다. 심지어 왕도 조금 어렵다고 느끼기 시작했다. 반면, 왕비는 차분하게 미소 지으며 이번에는 당황한 듯한 표정을 짓는 아가씨들을 지켜보고 있었다. 어릿광대는 모래시계의 모래가 다 떨어질 때까지 기다렸다가, 아름다운 후보들의 답을 받았다.

"오! 겨우 네 분만이 정답을 맞혔군요! 하지만 아직 희망을 잃지 맙시다. 계속하겠습니다. 세 번째 문제입니다."

그는 이렇게 외친 후 계속 수수께끼를 냈다.

"내가 나타나면 그는 물러나고, 그가 깨어나면 나는 떠난다. 그의 옷은 황금빛이고, 그의 입맞춤은 뜨겁다. 나의 미소는 차갑고, 나의 옷은 은빛이다… 우리는 누구일까요?"

이번에는 후보들의 얼굴에 미소가 번졌다. 모두가 다시 희망을 찾은 듯 보였다. 심사관인 어릿광대는 모래시계를 확인한 뒤 답을 모았다.

"아하! 점점 나아지고 있군요! 멈추지 맙시다!"

그는 즐겁게 외쳤다

"내가 가득 차면 노래하고, 비어 있으면 울부짖는다. 나 없이는 아무것도 할 수 없으며, 너는 나를 만족시키기 위해서만 산다! 나는 누구일까요?"

이번에는 객석에서 웃음소리가 터졌다. 답이 쉽고 재미있다고 느낀 이들이 많았기 때문이다. 미인 후보들도 웃거나 미소 지으며 답을 속삭였고, 놀이는 계속되었다. 암라이 왕자는 어릿광대의 수수께끼에 집중하면서도 종종 아까의 하녀를 바라보았다. 그녀는 다른 시종들과 함께 서서 수수께끼를 집중해서 듣고 있었는데, 왕비가 하인들도 모두 일을 중단하고 이 놀이에 참여하라고 허락한 덕분이었다. 아쿠크가 다음 문제를 이어갔다.

"나는 옷을 여러 벌 입는 것을 좋아한다. 나를 좋아하면 눈물을 흘리고, 내 냄새는 불쾌하다. 나는 누구일까요?"

이번 문제는 많은 후보가 쉽게 맞혔다. 답을 속삭이며 어릿광대에게 전하자, 그는 흐뭇하게 웃었다. 점수를 집계한 뒤 아쿠크가 말했다.

"좋아요! 1부는 무난히 끝났습니다. 하지만 이제부터는 2부, 좀 더 어려워질 겁니다. 모두 더 집중해주세요. 여섯 번째 문제입니다."

"자유롭게 산과 들을 달리지만, 색깔도 냄새도 없다. 뼈가 시리면 돌처럼 단단해지고, 뜨거우면 하늘 높이 날아오른다! 나는 누구일까요?"

이때부터 분위기는 점점 진지해졌다. 웃음은 사라지고, 모두 심각하게 귀를 기울였다. 이어서 일곱 번째 문제가 나왔다.

"나를 묻어야 다시 살아난다. 나는 형제들을 위해 내 생명을 바치기 때문이다. 그리고 매년 여름, 부유하고 자랑스럽게 돌아온다. 나는 누구일까요?"

이번에는 왕마저 난처해 보였고, 후보자들은 점점 더 당황스러운 기색이었다. 왕비는 여전히 차분했고, 암라이 왕자는 수수께끼에 몰두하고 있는 하녀를 바라보고 있었다. 둘은 잠시 시선이 마주쳤고, 서로에게 매료된 듯했다. 그러나 침묵을 깨뜨리는 아쿠크의 목소리에 둘은 다시 제정신을 차렸다.

“나는 만질 수도 없고, 아주 가볍다. 발도 머리도 없이 달아나고, 밤낮없이 쉬지 않는다. 나는 아무 소리 없이 모든 것을 가져간다… 나는 누구일까요?”

이 문제는 유난히 어려웠다. 아무도 쉽게 답을 내지 못했고, 심지어 왕비도 왕에게 힌트를 줄 수 없었다. 어릿광대는 반은 진지하고 반은 장난스럽게 후보들의 답을 적으며 계속했다.

“나를 갖게 되면, 오래된 상처가 치유되고, 모든 눈물이 마르며, 굳은 마음이 부드러워진다. 꺼지지 않던 불씨를 완전히 꺼뜨리고, 어두운 영혼에 빛을 비추며, 과거를 묻고 미래를 연다… 나는 누구일까요?”

참석자들 사이에는 당혹감이 극에 달했다. 불쌍한 후보자들은 자리에 앉아 깜짝 놀라며, 처음의 당당함을 잃고 있었다. 왕은 왕좌의 쿠션 위에 웅크리고 앉아, 감당하기 어려운 시험에 신경질적으로 수염을 긁적였다. 젊은 왕자는 미소 지으며, 늘 그랬듯 허공을 바라보는 듯했지만 사실 그는 계속 하녀를 지켜보고 있었다. 두 사람 사이에는 묘한 교감이 싹텄고, 신분의 차이에도 불구하고 서로를 향한 숭고한 사랑의 감정이 생겼다. 하지만 그 누구도 눈치채지 못하는 듯했다. 모두의 시선이 지혜로운 어릿광대에게 쏠려 있었기 때문이다. 어릿광대는 마지막 수수께끼를 내기 위해 이미 손을 들었다.

“이제 우리의 놀이도 끝을 향해 가고 있습니다. 그러니 이번 문제도 잘 들어주세요.”

“당신이 나에게 줄수록 나는 당신을 풍요롭게 하고, 결코 가난하게 하지 않는다. 나는 누구일까요?”

모두는 모래시계가 두 번 흘러가는 동안 참을성 있게 기다렸고, 시험이 모두 끝나자 비로소 안도했다. 참가자들은 아쿠크가 점수를 집계해 결과를 발표할 때까지 기다렸다. 후보자들은 거의 모두 희망을 잃은 듯 보였다. 잠시 후, 아쿠크는 시선을 들어 참석자들을 바라보며 말했다.

“우리의 아름다운 후보자 중 단 한 분만이 네 문제의 정답을 맞혔습니다. 네 분은 열 문제 중 세 개를, 또 다른 네 분은 두 개를 맞히셨고, 한 분은 끝내 어떤 답도 하지 못하셨군요! 하지만 이제 이 즐거운 행사를 마무리하는 것은 제 몫이 아닙니다. 진정한 놀이의 주인은 우리의 멋진 왕자님이십니다!”

왕자는 잠시 머뭇거리다가 천천히 자리에서 일어나 부드럽게 말했다. 모두가 왕자의 말에 귀를 기울였다.

“친애하는 아쿠크, 이렇게 정교하고 재밌는 놀이를 생각해 내다니! 수고했다. 여러분, 몇 문제는 어려웠지만, 여러분 모두에게 즐거운 시간이었을 거라고 확신합니다. 용감하게 도전한 후보자분들께 경의를 표합니다, 솔직히 말해, 우리도 이분들보다 더 많이 맞추지는 못했을 겁니다. 이 행사를 주재하는 영광을 안은 사람으로서, 자연이 저에게 가르쳐 준 놀라운 비밀을 말씀드리고 싶습니다. 때로는 가장 평범한 꽃, 화려한 빛깔이 아닌 수수한 빛깔의 꽃이 가장 달콤한 향기를 풍깁니다. 보석이나 금, 루비와 다이아몬드도 진흙 속이나 깊은 땅속, 급류 속에서 발견되지 않습니까? 더욱이 인간은 영혼의 깊은 곳에 가장 아름다운 것을 간직하고 있습니다. 선함과 인내, 용기와 지혜, 정신의 자유, 용서하는 힘, 희망과 사랑, 이 모든 것은 눈에 보이지 않는 귀중한 보물이며, 값을 매길 수도 없고, 결코 사라지지 않는 보물입니다. 흉내 낼 수도 없고, 화려한 옷으로 감출 수도, 왕관과 함께 물려받을 수도, 사제의 깨끗한 의복 속에서 찾을 수도 없습니다. 오직 신의 섭리와 삶의 시련, 그리고 선한 부모의 관심만이 이 모든 내면의 부를 우리에게 선사할 수 있습니다. 여러분도 이 사실을 모두 알고 계시겠지만, 놀이를 마치기 전에 한마디 전하고 싶었습니다. 자, 이제, 여러분 중 다섯 문제를 맞춘 분이 있나요?"

많은 사람이 손을 들자, 아쿠크가 조용히 확인했다. 이어 암라이 왕자는 여섯 문제를 맞춘 사람도 나오라고 했다. 아쿠크는 그들의 답을 확인했다. 그중에는 왕도 있었다. 왕은 자신의 점수에 몹시 만족한 표정이었다. 일곱 문제를 맞춘 사람들은 훨씬 적었다. 왕비도 여덟 문제를 맞춘 사람들과 함께 손을 들었다. 그들 중에는 병사 한 명, 하인 두 명, 왕의 고문 한 명도 있었다. 아쿠크가 고개를 끄덕이며 그들이 정답을 알고 있음을 확인하자, 청중은 박수를 보냈다. 그 사이 왕자는 계속 하녀를 바라보고 있었다. 그러나 그녀는 단 한 번도 손을 들지 않았다. 왕자는 그녀가 놀이에 전혀 참여하지 않은 것인지 궁금해했다. 박수가 멈추자, 그는 말을 이었다.

“저는 열 문제 중 아홉 문제를 맞힌 것 같습니다. 저와 같은 개수를 맞힌 분은 손을 들어주세요.”

백여 명이 넘는 참석자 가운데, 단 네 사람만이 아쿠크 앞에 나와 점수를 속삭였고, 왕자도 그들처럼 답을 말했다. 대신 한 명은 두 개의 오답을 말해서 탈락했다. 남은 이들은 큰 박수를 받았고, 왕도 직접 일어나 축하해 주었다. 그리고는 아들을 자랑스럽게 끌어안았다. 행사가 모두 끝났다고 여긴 참석자들은 서로 축하하며 들썩거렸고, 수수께끼의 답과 왕자의 최종 결정이 무엇일지 몹시 궁금해했다. 왕자는 손뼉을 세게 쳐서 모두를 진정시킨 다음 말했다.

“조용히 해주십시오. 이제 놀이도 끝이 다가왔습니다. 여러분 중 누구라도 수수께끼의 답을 모두 알고 계신 분이 있습니까?”

잠시 침묵이 흐르자, 분위기를 풀기라도 하듯 아쿠크가 손을 들고 외쳤다.

“저요, 저요!”

그러자 청중은 웃음을 터뜨렸다. 그때 작고 수줍은 목소리가 들려왔다.

"왕자님, 제가 열 문제의 답을 알고 있는 것 같습니다. 제가 참여해도 될런지요."

모두가 놀라 숨을 죽였고, 웃음은 곧 사라졌다. 사람들은 가녀린 소녀를 바라보았고, 모든 답을 안다고 나선 사람은 그 소녀, 하녀뿐이었다. 젊은 왕자는 깜짝 놀라서 말을 잃었고, 대신 왕비가 그녀에게 답했다.

"물론이지, 얘야. 모든 답을 안다고 생각한다면 말할 수 있단다. 두려워하지 말고 이리로 와서 결정을 내릴 영광을 누리거라."

하녀는 조심스럽게 앞으로 나와 또렷한 목소리로 차례대로 답을 말했다.

"첫 번째 수수께끼는 많은 분이 알고 계시듯이 겨울에 잎이 떨어지는 나무입니다. 두 번째는 바람에 휩쓸려 모든 것을 태워 재와 숯만 남기는 불입니다. 세 번째는 해와 달로, 하늘을 달리지만 절대 만나지 않습니다. 네 번째는 위장입니다. 우리는 먹는 것이 필요하고 배고픔이 얼마나 큰 압박을 주는지 알고 있습니다. 다섯 번째는 양파입니다. 여섯 번째는 물입니다. 흐름을 막을 수 없고, 추우면 얼고, 더우면 증발합니다. 일곱 번째는 씨앗입니다. 땅에 심으면 다시 살아나 황금빛 밀이 되어 새로운 씨앗을 맺습니다. 여덟 번째 답은 시간입니다. 시간은 만질 수 없으며 시작도 끝도 없고, 결코 멈추지 않으며 실제로는 모든 것을 조용히 가져갑니다. 아홉 번째는 용서입니다. 오직 용서만이 마음의 상처를 치유하고, 원한을 지우며 새로운 관계를 가능하게 합니다. 마지막으로, 줄수록 자신을 성장시키는 것은 사랑입니다. 사랑을 줄수록 우리는 더 행복해지고, 충만해지며, 사랑으로 보답받게 됩니다."

모두가 이 소박한 하녀가 말한 정확한 답에 감탄하며, 그녀의 말이 너무나 명백하고 진실하다고 느꼈다. 사람들은 아쿠크가 최종 판정을 내리기를 기다리며 그녀를 경외의 눈으로 바라보았다. 하녀는 자리로 되돌아가려 했지만, 암라이가 그녀를 붙잡았다.

"제발, 여기 내 곁에 있으렴! 아쿠크, 네가 말할 차례야!"

어릿광대는 다른 사람들과 마찬가지로 놀라움에 가득 차, 그녀에게 감탄하며 말했다.

"아가씨, 당신의 통찰력과 지혜에 경의를 표합니다. 제 수수께끼를 모두 푼 사람은 이번이 처음입니다!"

청중은 박수와 환호를 보냈다. 이번에는 왕비가 일어나 그녀를 안아주며 친절과 존경을 표했다. 그녀는 아들을 바라보며 말했다.

"암라이, 너는 진정한 진주, 겸손한 껍질 속에 숨은 보물을 찾았구나. 저녁 내내 너희를 지켜보았다. 너희가 서로 사랑에 빠진 것을 알겠더구나. 이런 것은 여자에게, 특히 엄마에게는 숨길 수 없단다."

그녀는 말을 잃은 남편을 돌아보며 물었다.

"여보, 당신 생각은 어떠세요?"

왕은 더듬거리며 말했다.

"음… 두 사람 모두 행복하고 동의한다면, 나는 그저 축복하며 세상의 모든 행복을 빌어줄 뿐이오."

그러자 모두 일제히 박수를 보내고 환호했다. 잔치 분위기는 더욱 무르익었다. 심지어 왕자와 결혼을 꿈꾸던 후보자들도 선택된 소녀를 축하하며, 끌어안고 행복을 기원했다. 아쿠크만 여전히 수수께끼를 중얼거렸지만, 이제 아무도 그의 말에 귀를 기울이지 않았다.

이듬해 봄, 하녀와 왕자는 약속대로 결혼했다. 두 사람은 지혜롭고 온화하며 아름다운 자녀들을 낳아 늙은 왕과 왕비에게 큰 기쁨을 안겼다. 타파스카 왕국의 삶은 다시 평화롭게 이어졌고, 바위와 모래는 아름다운 사랑의 안식처가 되었다.

숯쟁이 딸, 타사디트의 마법 같은 말솜씨

옛날, '카빌리'의 험준한 산맥 자락에 가난 때문에 힘겹게 살아가는 숯쟁이가 있었다. 그는 일곱 명의 딸을 둔 가장으로, 많은 식구를 먹여 살리느라, 늘 고단한 나날을 보냈다. 그는 매일 아침 숲으로 나가 열심히 일했다. 저녁에 돌아올 때면 온몸이 숯검댕이로 새까맣게 물들어 있었다. 그러나 딸들은 아버지의 초라한 신세를 부끄러워했고, 아버지에게는 전혀 관심도 주지 않았다. 딸들은 온종일 치장하고 멋 부리며 귀부인 흉내를 내는 데에만 열중했다.

하지만 막내딸 '타사디트'는 언니들과 전혀 달랐다. 그녀는 집안일을 도맡아 하고, 가엾은 아버지를 극진히 돌보았다. 부지런하고 마음씨가 고운 타사디트는 언니들의 게으름과 무심함마저 너그러이 감싸 안았으며, 늘 언니들의 잘못을 수습하고 언니들이 원하는 것을 해주려고 애썼다.

게다가 타사디트는 눈부시게 아름다우면서도 놀라운 지혜까지 갖추고 있었다. 무엇보다도 말솜씨까지 뛰어났다. 마을 사람들 모두가 그녀의 언변과 날카로운 통찰력을 인정했으며, 늘 그녀를 본보기로 삼았다. 나이가 들어갈수록 타사디트의 언행은 위대한 철학자나 현자에 견줄 만큼 깊어졌다.

타사디트의 명성은 마침내 왕궁에까지 전해졌다. 그 무렵, 왕은 통치에는 별다른 관심이 없고 오직 수수께끼와 풍자, 우스꽝스러운 농담에만 빠져 있었다. 그러니 궁정은 어릿광대와 이야기꾼들로 가득 찼고, 왕은 재담을 겨루는 경연을 자주 열었다. 그렇게 기이한 취미에 빠져 지내던 왕은 타사디트의 뛰어난 재능에 대해 듣게 되자, 직접 만나 시험해 보고 싶었다. 왕은 가난한 숯쟁이를 궁으로 불렀다. 숯쟁이는 왕의 폭정에 대한 소문을 익히 알고 있었기에 두려움에 떨었다. 그는 신에게 기도하며 궁정으로 향했다. 왕이 그에게 물었다.

"네 막내딸이 어떤 수수께끼든 풀어낸다더구나. 과연 소문만큼 대단하냐?"

숯쟁이는 전전긍긍하며 대답했다.

"폐하, 제 딸에 대해 떠도는 말은 조금 과장이 섞인 듯합니다. 하지만 저는 그저 폐하의 미천한 종일 뿐이니 무엇이든 명하시는 대로 하겠습니다."

왕은 흡족한 듯 웃으며 이렇게 말했다.

"좋다. 그럼 네 딸에게 이 수수께끼를 진하리. 내가 가진 나무에는 열두 개의 가지가 있다. 그리고 각 가지에는 서른 개의 작은 가지가 달렸다. 네 딸이 그것이 무엇인지 알아맞히면 큰 상을 내리겠다. 그러나 실패한다면 너와 네 딸의 목을 모두 벨 것이다! 기한은 일주일이다."

숯쟁이는 맥이 빠져 왕궁을 떠났다. 딸이 그토록 어려운 수수께끼를 풀 수 있으리라고는 생각지 못했기 때문이다. 집에 돌아온 그의 얼굴은 잿빛이 되어 있었다. 이를 눈치챈 타사디트가 다가와 말했다.

"아버지, 무슨 일이세요? 왜 그런지 말씀해 보세요. 왜 이렇게 슬프고 근심스러워 보이세요?"

숯쟁이는 궁에서 있었던 일을 모두 털어놓았다. 그러자 타사디트는 미소 지으며 아버지를 안심시켰다.

"그리 어려운 문제가 아니에요, 아버지. 왕께서 말씀하신 것은 바로 '한 해'를 가리키는 거예요. 열두 가지는 열두 달이고, 서른 개의 작은 가지는 한 달의 서른 날이지요."

숯쟁이는 너무나 단순한 대답이라 믿기지 않았다. 그는 고개를 저으며 회의적으로 말했다.

"아니다, 얘야. 왕께서 괜히 이 수수께끼를 냈겠니? 분명 훨씬 더 어려운 답일 거다."

그러나 타사디트는 단호히 답했다.

"아니에요, 아버지. 이게 바로 왕께 드려야 할 답이에요."

드디어 운명의 날이 다가왔다. 숯쟁이는 떨리고 두려운 마음으로 왕 앞에 섰다. 딸이 알려준 것 말고는 다른 대답이 없었으므로 그대로 전했다. 그러자 왕이 외쳤다.

"옳다! 옳다! 너와 네 딸의 목숨을 살려주마! 게다가 너의 지혜로운 딸이 마음에 드는구나. 그 아이를 아내로 삼고 싶다."

숯쟁이는 깜짝 놀라 귀를 의심했다. 그는 잠시 말을 잇지 못하다가, 두려운 마음을 털어놓았다.

"폐하, 제 딸은 너무나 어리고 보잘것없는 아이입니다. 폐하처럼 권세 높고 위대한 왕께서, 저 같은 초라한 숯쟁이의 딸을 거들떠보실 리가 있겠습니까?"

그러나 왕은 숯쟁이의 말이 채 끝나기도 전에 단호하게 말했다.

"결정했다! 나는 반드시 그 아이를 원한다. 열두 달 뒤, 내 약혼녀에게 결혼 예물을 보낼 것이다. 그때까지 딸을 준비시켜 두어라."

숯쟁이는 여전히 믿기지 않는 충격 속에서 겨우 몸을 추스르고 집으로 돌아왔다. 이 일이 과연 기쁜 일인지, 아니면 두려워해야 할 일인지 알 수 없었다. 왕의 기행과 변덕은 모두가 잘 아는 사실이었기 때문이다.

타사디트는 이 소식을 듣고 놀라기는 했지만, 이내 진지하게 받아들였다. 그리고 차근차근 왕의 아내가 될 준비를 해나갔다.

어느덧 정해진 열두 달이 흘렀다. 숯쟁이는 두려움과 기대를 동시에 품은 채 왕의 사신들이 도착하기를 기다렸다. 숯쟁이는 그들을 잘 맞이할 준비를 하기 위해 애썼다. 마침내 숯쟁이의 소박한 집에 왕의 사신 열일곱 명이 도착했다. 그들은 왕이 보낸 화려한 예물을 짊어지고 있었다. 타사디트는 왕이 보낸 아름다운 선물에 감탄하면서도, 친절하고 품위 있게 그들을 맞이했다. 왕의 명에 따라 사신들은 그녀의 모든 행동과 말씨를 세심히 살폈다. 하지만 여정 동안, 시기와 욕심에 사로잡힌 그들은 왕의 후한 예물 가운데 일부를 가로챘다. 눈치 빠른 타사디트는 그 사실을 단박에 알아차렸다. 그러나 아무 내색하지 않고, 그들을 정중히 대하며 차를 권했다. 식탁에 둘러앉았을 때, 사신 중 한 사람이 물었다.

"아버지는 어디 계시오?"

"물을 물속에 넣으러 가셨어요."

"그럼 어머니는 어디 계시오?"

"한 번도 본 적 없는 것을 보러 가셨어요."

사신들은 그녀의 대답을 도무지 이해할 수 없었다. 심지어 조롱 같기도 하고 자신들을 깔보는 말처럼 들렸다. 그러나 감히 따지지는 못했다.

잠시 후 가족이 모두 모이자, 타사디트는 정성껏 준비한 저녁을 내왔다. 닭고기 쿠스쿠스를 상에 올린 후, 닭을 섬세하게 토막 내어 나누어 주었다. 아버지에게는 닭 머리와 가슴살을 조금 얹어 주고, 어머니에게는 등 부분을 내주었다. 두 남동생에게는 나머지 가슴살을, 언니들에게는 날개를 주었다. 그리고 왕의 사신들에게는 닭발을 내밀었다. 나머지 닭도 모두 이렇게 나누어 주었다. 사신들은 서로 눈짓을 주고받으며 의아해했지만, 감히 입 밖에 내지 않았다. 그날 밤은 평온히 흘러갔다.

그들이 떠날 무렵, 타사디트는 이렇게 당부했다.

"폐하께 꼭 존경과 감사의 말씀을 전해 주십시오. 그리고 이 말씀도 그대로 전해 주셔야 합니다. '자고새는 솜털이 부족하고, 바다에는 물이 부족하며, 하늘에는 별이 부족합니다.'"

한편, 왕은 초조하게 사신들이 돌아오기를 기다리고 있었다. 그들이 돌아오자 왕은 즉시 물었다.

“자, 어서 모든 걸 말하라! 타사디트가 한 말과 행동을 낱낱이 보고하라.”

사신 중 한 명이 나섰다.

“폐하, 약혼녀께서는 훌륭히 우리를 맞아주셨습니다. 하지만 말씀은 도무시 이해할 수 없었습니다. 모든 말을 수수께끼로만 하셨습니다.”

왕은 흡족한 듯 말했다.

“바로 그거다! 어서 그녀의 말을 빠짐없이 전하라.”

사신들이 모든 상황을 자세히 전하자, 왕은 크게 웃은 다음 그들을 꾸짖었다.

“바보들 같으니라고! 간단한 이치도 모르다니! 그녀의 어머니가 ‘한 번도 본 적 없는 것을 보러 갔다’고 한 것은 출산을 보러 갔다는 뜻이다. 아버지가 ‘물을 물속에 넣으러 갔다’는 것은 물길을 돌려 방아를 돌리러 갔다는 말이지. 방아를 돌린 뒤 물은 다시 물줄기로 돌아가니까 말이다.”

그러자 사신 한 사람이 물었다.

“그럼 닭을 그렇게 나눠 준 의미는 무엇입니까?”

왕은 진지하게 설명을 이어갔다.

“닭고기를 나눈 것도 명확한 뜻이 있다. 아버지에게 머리를 준 것은 집안의 가장이기 때문이고, 어머니에게 등을 준 것은 집안의 기둥이기 때문이지. 아들들에게 가슴살을 준 건 집을 지키는 방패이기 때문이고, 딸들에게 날개를 준 건 언젠가 시집가야 할 운명이기 때문이다. 너희들에게 닭발을 준 것은, 바로 너희 두 다리로 그녀를 찾아갔기 때문이다, 우둔한 것들아! 그뿐이 아니다! 그녀가 '자고새는 솜털이 부족하고, 바다에는 물이 부족하고, 하늘에는 별이 부족하다'고 한 말은 또 다른 의미를 담고 있다."

얼굴이 벌겋게 상기된 왕은 소리쳤다.

"저주받을 놈들! 내 예물들을 어떻게 한 것이냐, 이 불한당들아!"

사신들은 황급히 대답했다.

"폐하, 우리는 모두 약혼녀께 드렸습니다. 정해진 대로 말입니다."

"감히 나를 속이다니! 이 몹쓸 놈들! 약혼녀가 '자고새는 솜털이 부족하다'고 말한 것은, 너희가 황금 비단을 훔쳤다는 뜻이다. 또 '바다에 물이 부족하다'고 한 것은, 너희가 향유를 빼돌렸다는 말이지. 더구나 '하늘에 별이 부족하다'는 것은 보석의 에나멜까지 건드렸다는 증거다. 이제 너희 짓이 모두 드러났다!"

사신들은 즉시 왕의 발 앞에 엎드려 용서를 구했다. 왕은 본보기로 그들을 가혹하게 벌하고 싶었으나, 약혼녀를 불쾌하게 할까 두려워 마지막 순간에 마음을 바꾸어 경고로 끝냈다.

"당장 내 눈앞에서 꺼져라! 다시는 도둑질을 하다가 붙잡히지 않도록 하라. 다시 한번 걸리면 네 놈들의 손을 잘라버릴 것이다!"

며칠 뒤, 드디어 왕의 혼례 날이 다가왔다. 온 왕국이 축제 분위기에 들떴다. 술과 음식이 넘쳐났고, 시인과 이야기꾼, 마술사, 춤꾼, 악사들이 초대되어 일곱 밤낮 동안 성대한 잔치가 열렸다.

왕비가 된 타사디트는 아름다운 장식으로 치장하고, 장미와 재스민 향기를 풍기며 우아한 걸음을 옮겼다. 그녀를 본 왕은 눈이 부셔, 이것이 과연 가난한 숯쟁이의 딸이 맞는지 믿기 어려워할 정도였다. 그는 장인에게 더 나은 지위를 주겠다고까지 제안했다. 결혼하게 된 그의 딸에게 무척 만족했기 때문이다.

궁궐에 편안히 자리를 잡은 타사디트는 아름다움으로 빛났고, 그녀의 재치 있는 말솜씨는 모두의 마음을 사로잡았다. 사람들은 오직 그녀의 이름만을 입에 올렸다. 왕은 젊은 아내를 사랑했지만, 여전히 기이한 취향을 버리지 않았다. 농담과 재미난 이야기, 기묘한 오락을 즐기는 성격은 변하지 않았다. 특히 그는 잠자리에 들기 전에 늘 장기를 두었는데, 단 한 번도 패한 적이 없었다. 왕은 항상 이기기만 하다 보니 싫증이 나서, 어느 날 아내를 불러 상대해 달라고 했다. 타사디트는 자신이 이길 것만 같았다. 그래서 왕의 자존심을 상하게 할까 두려워 사양했다. 왕은 그녀의 속내를 알아차리고는 오히려 화를 냈다.

"만일 네가 내 지혜를 꺾는 날이 온다면, 나는 널 쫓아낼 것이다! 남자는 반드시 더 강해야 한다. 이 말을 명심하라!"

왕을 사랑했던 타사디트는 속마음을 내보이지 않고, 그저 그와 장기를 두어 일부러 져 주었다. 왕의 분노를 피하기 위해서였다. 젊은 왕비는 남편의 성정에 거슬리지 않도록 지혜롭게 처신하는 법을 배웠다.

그러던 어느 날 저녁, 타사디트는 궁궐의 테라스에 앉아, 과수원 가득한 꽃향기를 머금은 산들바람을 즐기고 있었다. 그때 아래쪽에서 낯선 이들의 대화가 들렸다. 한 사람이 자신의 불운을 하소연하고 있었다.

"이 나라에 온 뒤로 내 고생은 끝이 없네. 어떤 자를 믿었다가, 놈이 내 망아지를 훔쳐 갔어. 나는 왕에게 재판을 청했지. 그런데 왕은 나를 오히려 도둑이라며 꾸짖었네! 그 자는 내 망아지를 자기 노새가 낳은 새끼라고 우겨댔다네. 그런데 왕은 그 말을 믿어 버렸어. 그뿐인가? 나는 벌금까지 내야 했네!"

다른 사람이 그 말을 듣고 안타까워했다.

"가엾은 친구여, 이 무슨 부당한 처사란 말인가!"

테라스 위에서 이야기를 듣던 왕비는 그 낯선 이를 불쌍히 여겼다. 왕비는 분노와 연민에 사로잡혀 말을 걸었다.

"아직 희망을 버리지 마시오, 용감한 분이여!"

깜짝 놀란 두 사람은 고개를 들어 올려보았지만 아무도 보이지 않았다. 그러자 왕비의 목소리가 다시 들려왔다.

"내가 누구인지 알 필요는 없소. 중요한 건 정의가 실현

되는 거요. 그러니 내 말대로 하시오."

낯선 이는 여전히 누가 말하는지 알지 못했으나, 그 목소리가 주는 편안한 위로의 힘에 이끌려 물었다.

"그러나 내 재판은 이미 끝났고, 판결도 내려졌소. 이제 어떻게 정의를 되찾을 수 있단 말이오?"

왕비는 단호히 말했다.

"왕께서 실수하신 거요. 그리고 당신은 본인의 권리를 충분히 지켜내지 못했소. 어떡하면 좋을지 내가 잘 알고 있소."

다음 날, 낯선 이는 왕에게 다시 알현을 요청했다. 짜증이 난 왕은 그를 위협하며 말했다.

"이봐, 너 같은 하찮은 자가 또다시 나를 귀찮게 하면 네 목을 베어 버리겠다. 아주 중요한 이유가 아니라면 말이다!"

그러자 남자는 왕비가 일러준 대로 조심스레 대답했다.

"폐하, 어제 일 때문에 온 것이 아닙니다. 이번에는 다른 일 때문입니다. 세가 강가에다 콩밭을 일궜습니다. 그런데 수확하려는 순간 강물에서 물고기들이 튀어나와 모두 먹어 치웠습니다."

왕은 남자를 비웃으며 크게 호통쳤다.

"이 한심한 놈! 물고기가 땅 위로 올라와 먹이를 먹는 날은 세상이 끝나는 날이라는 말도 못 들어봤더냐?"

남자는 부드럽게 받아쳤다.

"폐하, 물론 잘 알고 있습니다. 하지만 세상 사람들이 이렇게도 말하지 않습니까? 노새가 망아지를 낳는 날이 바로 세상의 종말이라고 말입니다."

왕은 잠시 말을 잇지 못하더니, 이 말에 담긴 지혜를 알아차렸다. 이번에는 그의 말을 믿어주며 물었다.

"그렇다면, 어제 재판에서 왜 그런 말을 하지 않았느냐?"

남자는 침착하게 대답했다.

"폐하, 저는 어젯밤에야 그 사실을 깨달았기 때문입니다."

이에 왕은 정의를 바로잡았고, 낯선 이는 만족해서 돌아갔다. 그러나 왕은 이 지혜로운 답은 분명 아내가 충고한 것이라는 사실을 알아차렸다. 왕비는 옳은 일을 위해서라면 물불을 가리지 않는다는 것을 잘 알고 있었기 때문이다. 왕은 금기를 어긴 타사디트를 떠올리자 분노가 치밀어 올랐다. 왕은 곧장 왕비의 방으로 갔다. 왕의 표정은 차갑고 눈빛은 위협적이었다.

"감히 내 명령을 어기고 내 금령을 무시하다니! 내가 뭐라 했는지 기억하느냐? 네 지혜가 내 것을 가리는 날, 나는 너를 내쳐 버리겠다고 했지. 그러니 지금 당장 네가 가장 소중히 여기는 것만 가지고 여기서 썩 꺼져라!"

왕비는 담담히 고개를 끄덕이며 대답했다.

"알겠습니다. 폐하의 말씀을 지키지 못했으니 벌을 달게 받겠습니다. 다만, 폐하, 저는 폐하의 너그러움과 자비로움을 믿습니다. 마지막으로 단 한 가지 청을 드려도 될까요?"

왕은 차갑게 대답했다.

"마지막 청이라면 들어주마."

그러자 타사디트는 부드럽고 매혹적인 목소리로 속삭였다.

"폐하, 오늘 밤 저녁 식사에 부디 함께해 주십시오. 이 궁에서 제가 먹는 마지막 식사가 될 테니, 저를 위한 작별 선물로 허락해 주시길 바랍니다."

왕은 그 청을 받아들였다.

"좋다. 하지만 오래 머물지는 않겠다."

그날 밤, 왕비는 정성껏 만찬을 차렸다. 방안을 온갖 꽃으로 장식하고, 사향과 정향으로 향을 피웠다. 그녀는 가장 화려한 예복을 걸치고, 몸에는 은은하면서도 매혹적인 향수를 뿌렸다. 왕은 방에 들어서자, 그 앞에 선 아내의 아름다운 모습에 놀라지 않을 수 없었다. 왕비는 그를 편히 앉히고 천상의 음료를 대접했다. 왕은 그녀와 함께하는 순간에 흠뻑 빠져들었고, 곧 술에 취해 깊이 잠들었다. 그때를 기다렸다는 듯, 왕비는 잠든 왕을 큰 궤짝 속에 눕히고 뚜껑을 닫았다. 왕비는 사신의 짐을 챙긴 뒤, 그 무거운 궤짝을 끌며 궁을 빠져나왔다. 그녀는 밤새 걸었다.

이른 새벽, 지친 왕비는 잠시 멈춰서 깜빡 잠이 들었다. 그런데 궤짝 안에서 답답해진 왕이 몸부림치며 소리를 냈다. 깜짝 놀란 왕비는 뚜껑을 열었다. 숨을 크게 들이마신 왕은 주위를 둘러보다가 초조한 목소리로 물었다.

"여기가 어디지? 내가 왜 너와 함께 여기 있는 것이냐?"

그러자 왕비는 다정하게 대답했다.

"폐하, 저는 당신의 아내입니다. 어제 폐하께서 저를 내쫓으시며, 가장 소중한 것을 갖고 나가라고 하셨지요. 제게 세상에서 가장 소중한 것은 바로 폐하이기에, 저는 폐하를 모시고 궁을 떠난 것입니다."

왕은 순간 아무 말도 할 수 없었다. 하지만 이 놀라운 기지와 진심 어린 사랑에 감동하여 아내를 끌어안고 이마에 입을 맞추었다. 그리고 부드럽게 속삭였다.

"이제 알겠다. 너 없는 내 삶은 아무 의미가 없다는 것을."

그때부터 왕은 변했다. 그는 성격을 누그러뜨리고, 아내에게 기꺼이 조언을 구하며, 더 이상 폭군이 되지 않았다. 왕은 겸손과 정의를 존중하는 군주로 거듭났다.

타사디트는 남편과 자신의 가정, 그리고 온 왕국에 행복을 가져다주었다. 그래서 그 나라에서는 딸이 태어날 때마다 이렇게 말하는 풍습이 생겼다.

"신께서 너에게 타사디트의 지혜를 내려 주시길!"

역병

내가 들려주리라, 무슨 일이 있었는지.
'자마 사하리즈'에서, '시 사이드 암지안'이 죽었다.
너는 사라졌구나, 곱디고운 밀가루처럼 순결한 이여.
죽음은 또 '하산 아우자한'을 데려갔다.
근엄하게 살던 그 사내.
'타두쿠아르트'를 지나던 그 순간,
'엘 모드한'의 집에 슬픔이 스며들었다.
빛나는 꽃, 찬란한 이여.
이번엔 그 재앙이 이집트를 지나간다.
거기서는 아예 머문 듯하다.
대장장이 '시 한드'는 죽었고,
이름 높던 '엘 하지'도 떠났다.
죽음은 또 엘 하지의 아들인 '알리'를 데려갔다.
분노 앞에서도 두려워하지 않던 자.
'프라트'의 아들 '모한드'는
젊은이들 가운데 가장 빼어난 청년이었지.
'아이트 아리루' 가문 중 두 사람이
이제는 이 세상에 없다.
'모한드', 검은 피부의 남자,
손님 대접으로 이름 높았고,
'베크히'의 아들 '메사우드'는

대장장이 중에서도 가장 잘생긴 자였다.
이제 재앙은 고개 너머로 넘어갔다.
천막들이 모이는 그 들판 가장자리에
죽음은 매 두 마리를 낚아챘다.
'셰이크 엘 아르비'의 아들들이었다.

충고

내 머리야, 어째서 너는 이치를 모르느냐.
쓸모없는 친구는 그냥 내버려 둬라.
그는 너를 위해 세상을 끝내주지 않을 것이다.
저세상에서 너를 위해 변호하지노 않는다.
어떤 친구는 마치 다리 세 개짜리 의자 같아,
허튼 말로 높임을 받을 뿐이다.
또 다른 이는 여행길도 함께 나서고,
엉겅퀴를 베어내듯
네 고통을 함께 끊어주고 너를 구할 것이다.
너를 해치는 이웃이 있다면
피하라, 떠나라, 이사를 가라.
그런 자는 마치 위험 가득한 '악파두'에 사는 자 같으니,
그곳은 사자나 길목을 노리는 도둑들만 사는 곳이다.

셸하어로 쓴 시

I

네 얼굴 앞에서는
모든 글자가 부러워 떤다.
일곱 가지 서체조차 혼란에 빠진다.
오천 가지 지혜가 있다 해도
너를 본다면 미쳐버릴 것이다,
마치 죽음의 천사 '아즈라일'을 눈앞에 본 것처럼.

II

오 주 '무함마드'여,
단 한마디만 말씀하소서.
"그들의 마음속에 머무르겠다.
나는 거기서 떠나지 않으리라."

수수께끼

1. 외투 하나 속에 있는 다섯 명의 학생

→ (발가락 다섯 개)

2. 안쪽에서 닫히는 창조의 상자

→ (호두)

3. 둥지가 바다 속에 있는 성벽 위에 매 두 마리

→ (해와 달)

4. 우리 삼촌 '사이드'는 등을 굽히고, 등짐을 쥔 채 조용히 걷는다. 하지만 집안의 윗사람들은 양떼를 찢어발기는 자들이다.

→ (쟁기)

5. 아궁이 위에 서서 자기 내장을 먹는 것

→ (등잔불)

6. 돌처럼 생겼는데 긴 머리칼을 가진 것

→ (양파)

7. 일곱 구멍이 난 왕좌

→ (머리)

8. 기이한 걸 보았지. 은이 금 위에 떠오르는 것

→ (달걀 흰자)

9. 걸어가며 천을 펼치는 것

→ (강물)

10. 하얀 천 속에 있는 흑인 여인들

→ (눈동자)

11. 문이 없는 모스크

→ (달걀)

12. 구리로 된 바닥 깔개. 찢어지지도, 더럽혀지지도 않는 것

→ (하늘)

속담

1.
말로는 나아지는 듯하지만,
가슴속엔 아무 선함도 없다.

2.
그의 혀는 달콤하고,
그의 마음은 쓰디쓰다.

3.
그의 말은 공손한데,
그의 마음은 피로 물들어 있다.

북아프리카 베르베르 민족의 전설과 민담

초판인쇄 2025년 12월 22일
초판발행 2025년 12월 25일

옮 긴 이 김영

펴 낸 이 홍명희

펴 낸 곳 도서출판 아딘크라
주 소 경기도 용인시 기흥구 탑실로 152
대주피오레 2단지 202-1602
전 화 031)201-5310
등록번호 2017.12. 제2017-000096호

ISBN 979-11-89453-37-4 93890

값 15,000원